La Nouvelle-Orléans selon ses envies 129

Les plus belles balades

Envie de...

La Nouvelle-Orléans hier et aujourd'hui 149

Carnet pratique 153

STOP
Coat
du
Rhone
PRALINE

Notre sélection de lieux et d'adresses

Voir

Se restaurer

Prendre un verre

Sortir

Shopping

Légende des symboles

- Numéro de téléphone
- Horaires d'ouverture
- Parking
- Non-fumeurs
- Accès Internet
- Wi-Fi
- Végétarien
- Familles bienvenues
- Animaux acceptés
- Bus
- Ferry
- Métro

Retrouvez facilement chaque adresse sur les plans de quartiers

Red's Chinese

5 Plan p. 48, C3

Sans pour autant tomber
la cuisine "fusion", ce rest
ésite pas à apporter au
uelques touches
ne. Vous y déc
nt des spéci
ui s'accorde
pincées de
l. Le poulet
able. (504-3
inese.com ; 3048

La Nouvelle-Orléans En quelques jours

Les guides En quelques jours édités par Lonely Planet sont conçus pour vous amener au cœur d'une ville.

Vous y trouverez tous les sites à ne pas manquer, ainsi que des conseils pour profiter de chacune de vos visites. Nous avons divisé la ville en quartiers, accompagnés de plans clairs pour un repérage facile. Nos auteurs expérimentés ont déniché les meilleures adresses dans chaque ville : restaurants, boutiques, bars et clubs... Et pour aller plus loin, découvrez les endroits les plus insolites et authentiques de La Nouvelle-Orléans dans les pages "100% Nola".

Ce guide contient également tous les conseils pratiques pour éviter les casse-têtes : itinéraires pour visites courtes, moyens de transport, montant des pourboires, etc.

Grâce à toutes ces infos, soyez sûr de passer un séjour mémorable.

Notre engagement

Les auteurs Lonely Planet visitent en personne, pour chaque édition, les lieux dont ils s'appliquent à faire un compte-rendu précis. Ils ne bénéficient en aucun cas de rétribution ou de réduction de prix en échange de leurs commentaires.

L'essentiel 7

Explorer La Nouvelle-Orléans 21

Vaut le détour

L'essentiel

Bienvenue à La Nouvelle-Orléans

Dans cette ville singulière où se mêlent influence européenne, culture caribéenne et énergie typiquement américaine, la musique est partout et la fête à chaque coin de rue. Prendre du temps pour écouter du jazz, partager un bon repas et goûter aux petits plaisirs de l'existence est un véritable art de vivre à La Nouvelle-Orléans. Bienvenue dans une ville où l'hédonisme n'est pas un vain mot !

Scène de Mardi Gras (p. 97), Bourbon St
RAY LASKOWITZ/GETTY IMAGES ©

La Nouvelle-Orléans
Les incontournables

Jackson Square (p. 28)

Face à la cathédrale Saint-Louis, cette grande place arborée est l'endroit idéal pour prendre la température de la ville, écouter des musiciens de rue, regarder les œuvres d'artistes locaux... ou se faire prédire l'avenir.

KYLIE MCLAUGHLIN/GETTY IMAGES ©

Cabildo (p. 26)

Installé dans l'ancien siège du pouvoir colonial, ce musée retrace l'histoire de la Louisiane, née de la rencontre de populations originaires des Caraïbes, d'Afrique, d'Amérique et d'Europe.

SAM PIERSON/GETTY IMAGES ©

RAY LASKOWITZ/GETTY IMAGES ©

Royal Street (p. 24)

Royal St est l'essence même du cœur du Vieux Carré français, avec son architecture caractéristique (en réalité d'influence espagnole) et ses balcons en fer forgé, ses galeries d'art et ses concerts en pleine rue.

National WWII Museum (p. 58)

Ce vaste musée émouvant en apprend beaucoup sur la Seconde Guerre mondiale et livre une analyse approfondie et bien nuancée du plus grand conflit du XXe siècle grâce à de nombreuses présentations et animations interactives.

STEPHEN SAKS/GETTY IMAGES ©

Ogden Museum of Southern Art (p. 60)

Beau, ludique et modeste, ce musée donne à voir une superbe collection d'art du Sud - des paysages très classiques aux installations contemporaines, en passant par des bizarreries artistiques.

RICHARD CUMMINS/GETTY IMAGES ©

Lafayette Cemetery No 1 (p. 74)

Anges en pierre, vigne vierge, tombeaux imposants... Ce cimetière est empreint d'une ambiance gothique typique du Sud.

ROB PILECKIS/GETTY IMAGES ©

Tramway de St Charles Avenue (p. 88)

Quittant le Vieux Carré, la plus vieille ligne de tramway de la ville traverse le Garden District puis Uptown en cahotant, dévoilant en chemin de superbes demeures historiques.

KRIS DAVIDSON/LONELY PLANET ©

RICHARD CUMMINS/GETTY IMAGES ©

City Park (p. 106)

Les jardins, les chênes verts couverts de mousse espagnole et les cours d'eau du plus grand parc de la ville forment un bel écrin au New Orleans Museum of Art (NOMA, photo ci-dessus ; p. 110) et à son jardin de sculptures.

Audubon Zoological Gardens (p. 90)

Faune et flore de Louisiane – mais également des animaux du monde entier – sont présentées dans ce zoo, l'un des meilleurs du pays.

CAROLINA GARCIA ARAFDA/GETTY IMAGES ©

ROBERT HARDHOLT/FOTOLIA ©

Barataria Preserve (p. 126)

Quittez la ville pour une promenade en pleine nature, à la découverte du bayou : une expérience exhaltante – même si la rencontre avec un alligator n'est pas garantie.

100% Nola
Vivre comme un habitant

Conseils d'initiés pour découvrir la vraie Nouvelle-Orléans

"Nola" (pour New Orleans, Louisiana) sait accueillir les visiteurs, mais vous l'apprécierez bien davantage si vous prenez le temps de découvrir ses secrets et de parcourir les lieux qui font partie intégrante de sa culture.

Soirée concert(s) dans le Faubourg Marigny (p. 46)

- Cafés-concerts
- Bars de quartier

Ce quartier concentre nombre de lieux où écouter de la musique, des standards du jazz à des sons plus contemporains. Baladez-vous dans ces clubs qui font vibrer la ville, loin des enseignes pour touristes de Bourbon St.

Les galeries d'Arts District (p. 62)

- Galeries d'art
- Souvenirs artisanaux

Idéales pour découvrir les talents de la ville, les nombreuses galeries de ce quartier se découvrent sous un jour festif chaque premier samedi du mois.

Virée shopping dans Magazine Street (p. 76)

- Boutiques indépendantes
- Magasins de créateurs et friperies vintage

Longue rue commerçante, Magazine St est jalonnée de boutiques indépendantes vendant toutes sortes d'objets, des antiquités aux fournitures d'art, en passant par les bijoux ou les vêtements de créateurs.

Audubon Park et alentours (p. 92)

- Expositions à Tulane
- Farniente sur les pelouses

À l'instar des étudiants des universités de Tulane et Loyola, faites votre jogging, baladez-vous, improvisez un pique-nique ou venez tout simplement vous détendre dans ce beau parc à la lisière d'Uptown. Profitez-en pour découvrir les beaux bâtiments de l'université de Tulane.

Une balade dans le Riverbend (p. 102)

- Boutiques pour étudiants
- Restaurants à petits prix

Très cosmopolite, le Riverbend compte de nombreux restaurants internationaux... et offre une vie nocturne très animée, quartier étudiant oblige !

Audubon Park (p. 92)

Magazine Street (p. 76)

D'autres idées pour vivre la Nola des Néo-Orléanais :

- Faulkner House Books (p. 43)
- Fair Grinds (p. 113)
- Clouet Gardens (p. 52)
- Central Grocery (p. 40)
- Southern Food & Beverage Museum (p. 82)
- Café du Monde (p. 39)
- Mardi Gras World (p. 69)
- Angelo Brocato (p. 112)
- Boot (p. 99)

La Nouvelle-Orléans
En 4 jours

1er jour

Quelle meilleure façon de démarrer l'exploration du Vieux Carré qu'un croissant arrosé d'un café au charmant **Croissant d'Or** (p. 37) ? Ainsi requinqué, rejoignez **Jackson Square** (p. 28), puis baladez-vous autour du **Cabildo** (p. 26), dont la visite vous en apprendra plus sur la culture de la Louisiane et l'histoire de la ville.

Déjeunez au **SoBou** (p. 37), puis flânez dans les galeries et les boutiques de Royal St, sans oublier de lever le nez pour découvrir l'architecture typique du quartier. Promenez-vous dans le **French Market** (p. 32), sans manquer d'aller voir le puissant **Mississippi** (p. 32), puis rejoignez l'**Old US Mint** (p. 32) pour assister à un concert dans cet ancien atelier de frappe de monnaie.

Le **Coop's Place** (p. 36) vous attend pour le dîner. Ne vous laissez pas impressionner par un service parfois un peu sec, les plats, cajuns, sont délicieux et très copieux. Après ce repas roboratif, dirigez-vous vers **Frenchmen Street** (p. 49) pour profiter en live de la musique qui fait la renommée de la ville.

2e jour

Le lendemain, cap sur le Garden District et Uptown. Prenez le temps d'emprunter le tramway de **St Charles Avenue** (p. 88). Montez à un arrêt du Garden District, puis faites une pause au **Surrey's Juice Bar** (p. 81). Offrez-vous une séance de shopping dans les petites boutiques de Magazine St.

Pour le déjeuner, optez pour les sandwichs de **Stein's** (p. 82), une valeur sûre. Plongez ensuite dans l'atmosphère gothique du **Lafayette Cemetery No 1** (p. 74), puis, en revenant vers le tramway, faites halte au **Columns Hotel** (p. 100) pour un verre.

Passez la soirée dans Uptown, l'un des quartiers les plus huppés de la ville, où les restaurants ne manquent pas. C'est le moment de goûter un *po'boy* huître-bacon-fromage au **Mahony's Po-Boy Shop** (p. 96), qui propose aussi une cuisine néo-orléanaise créative. Pour terminer la soirée, prenez un verre dans la cour du **St Joe's** (p. 99).

Votre temps vous est compté ?
Nous avons concocté pour vous des itinéraires détaillés qui vous permettront d'optimiser le peu de temps dont vous disposez.

3e jour

Prenez votre petit-déjeuner chez **Lil' Dizzy's** (p. 124) avant d'enfourcher un vélo pour explorer le Tremé, le plus ancien quartier afro-américain du pays. Ne manquez pas **St Augustine's Church** (p. 120) et le **Backstreet Cultural Museum** (p. 120) pour découvrir l'histoire et les traditions des Afro-Américains de la ville.

Déjeunez d'un excellent poulet frit au **Willie Mae's** (p. 123). Remontez Esplanade Ave et admirez les superbes demeures créoles qui jalonnent la rue jusqu'au **City Park** (p. 106). Vous pouvez y passer le reste de l'après-midi, en visitant également le **New Orleans Museum of Art** (p. 110) et le **Sydney & Walda Besthoff Sculpture Garden** (p. 110).

Observez le coucher du soleil sur le bayou St John. Dînez au **Café Degas** (p. 112), dans un cadre charmant et romantique. Terminez la soirée au **Pal's** (p. 114) ou au **Twelve Mile Limit** (p. 113), deux fabuleux bars du quartier.

4e jour

Cette journée est consacrée au Warehouse District. Selon vos centres d'intérêt, visitez l'**Ogden Museum of Southern Art** (p. 60) ou le **National WWII Museum** (p. 58), ou les deux si vous disposez de suffisamment de temps. Rejoignez ensuite Press St en taxi ou à vélo.

Bywater commence de l'autre côté des voies qui longent la rue. Déjeunez au **Pizza Delicious** (p. 50), puis entrez chez **Euclid Records** (p. 55) pour jeter un coup d'œil à son excellente collection de disques. Baladez-vous dans **Crescent Park** (p. 49), d'où l'on a une vue magnifique sur le Mississippi. Voyez aussi les nombreuses maisons colorées disséminées dans les rues du quartier.

Le soir venu, installez-vous dans le jardin du **Bacchanal** (p. 50) pour vous régaler de son impressionnant choix de fromages et de vins ou d'autres assiettes tout aussi délicieuses. Après le dîner, dirigez-vous vers le Faubourg Marigny et le Vieux Carré. Arrêtez-vous au **Mimi's in the Marigny** (p. 52) pour écouter de la musique ou juste prendre un verre et grignoter un petit quelque chose.

Les basiques

Reportez-vous au Carnet pratique (p. 153) pour plus d'informations

Monnaie
Dollar américain ($)

Langue
Anglais

Formalités
Français, Belges, Suisses et Canadiens n'ont pas besoin de visa pour un séjour touristique de moins de 90 jours. Voir p. 159.

Argent
DAB très répandus et cartes de crédit largement acceptées, mais pas dans tous les restaurants.

Téléphone mobile
Les cartes SIM locales sont compatibles avec les téléphones tri-bandes.

Heure locale
GMT -6h

Prises et adaptateurs
L'électricité fonctionne en 110/120 V et en 60 Hz. Les prises ont deux fiches plates (et parfois une 3e fiche ronde). Prévoyez un adaptateur.

Pourboire
Laissez 15-20% de la note dans les restaurants, 1-2 $ par tournée dans les bars, 3-5 $/jour aux femmes de chambre des hôtels. Voir également p. 157.

1 Avant de partir

Budget quotidien

Moins de 100 $
- Dortoirs en auberge de jeunesse 30 $
- Courses dans les supermarchés, snacks 10 $
- Location de vélo (30 $) ou tramway (3 $)

De 100 à 200 $
- B&B ou pension 100-120 $
- Petit restaurant 50-70 $ à 2
- Location de vélo ou taxi à plusieurs 30 $

Plus de 200 $
- Dîner gastronomique 150 $ à 2
- Chambre double 4 étoiles à partir de 200 $
- Taxi ou location de voiture 70 $

Sites web

Lonely Planet (www.lonelyplanet.fr). Infos sur la ville, forum des voyageurs…

New Orleans Online (www.neworleansonline.com). Site officiel de l'office du tourisme.

New Orleans CVB (www.neworleanscvb.com). Site officiel du bureau des visiteurs.

Gambit (www.bestofneworleans.com). Agenda culturel, restaurants, boutiques…

WWOZ radio (www.wwoz.org). Radio mettant l'accent sur la vie culturelle de la ville.

À prévoir

Trois mois avant Renseignez-vous sur les festivals et réservez votre chambre si vous venez pendant Mardi Gras ou le Jazz Fest.

Un mois avant Réservez une voiture et une table dans un grand restaurant.

Une semaine avant Consultez *Gambit* et *New Orleans Online* pour voir les concerts prévus.

2 Arriver à La Nouvelle-Orléans

La plupart des voyageurs atterrissent au Louis Armstrong New Orleans International Airport (MSY ; www.flymsy.com). Les gares Amtrak et Greyhound, regroupées dans l'Union Passenger Terminal, sont situées dans le Central Business District (CBD), à moins de 2 km du Vieux Carré. En voiture, l'I-10 et la BUS 90 sont les principaux accès à la ville.

Depuis le Louis Armstrong International Airport

Destination	Meilleur moyen de transport
Vieux Carré	Taxi
CBD et Warehouse District	Navette/taxi selon le nombre de personnes
Faubourg Marigny et Bywater	Taxi
Garden District	Taxi
Uptown	Taxi
Mid-City	Bus E-2
Tremé	Taxi

Depuis les gares Amtrak et Greyhound d'Union Passenger Terminal

Les taxis qui stationnent devant l'Union Passenger Terminal sont le moyen le plus simple de gagner le quartier de votre choix. Comptez environ 10 $ pour le Central Business District (CBD) ou le Vieux Carré (tous deux également accessibles à pied si vous n'êtes pas trop chargé, ou grâce au tramway de Loyola Ave), un peu plus pour des quartiers moins centraux.

3 Comment circuler

La Nouvelle-Orléans est mal desservie par les transports en commun, gérés par RTA (www.norta.com). Les tramways sont lents mais très plaisants pour découvrir le Garden District et Uptown. Des pass permettent une utilisation illimitée des transports publics sur la durée de validité (1/3 jours 3/9 $). Le moyen le plus simple pour se déplacer est incontestablement le vélo : la ville est agréablement plate.

Bus

Le réseau est correct, mais mieux vaut ne pas prévoir vos visites en fonction des horaires indiqués. Trajets à moins de 2 $.

Marche

Parfait pour visiter le Vieux Carré, le Faubourg Marigny et Bywater, ainsi que le Central Business District (CBD).

Tramway

Le réseau de tramway se limite à 4 lignes. Un trajet coûte 1,25 $. Les Jazzy Pass permettent une utilisation illimitée sur la durée de validité (1/3/31 jours 3/9/55 $).

Vélo

Plates, les rues de La Nouvelle-Orléans se parcourent aisément à vélo. La traversée complète de la ville prend 45 minutes.

Voiture

Le moyen le plus pratique pour se rendre dans des quartiers excentrés, comme Mid-City. Il peut être compliqué de se garer dans les rues du Vieux Carré et du Central Business District (CBD) – dans un parking, comptez environ 13 $ pour 3 heures et 30-35 $ pour 24 heures ; les autres quartiers ne posent pas de problème de stationnement.

La Nouvelle-Orléans
Les quartiers

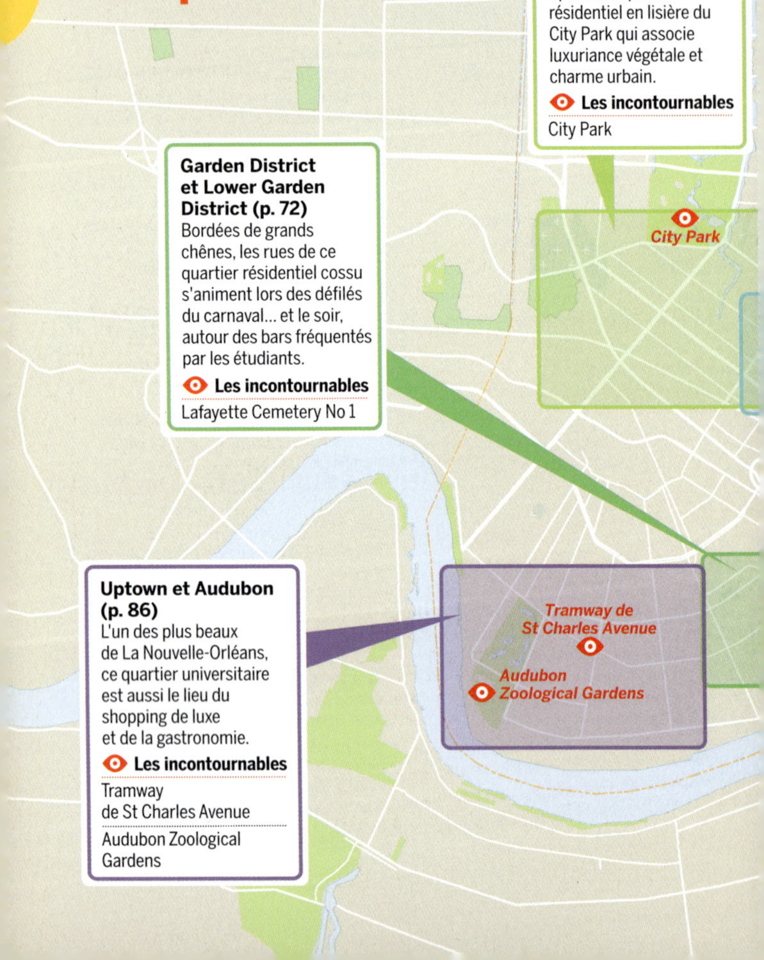

Mid-City et bayou Saint John (p. 104)
Splendide quartier résidentiel en lisière du City Park qui associe luxuriance végétale et charme urbain.

Les incontournables

City Park

Garden District et Lower Garden District (p. 72)
Bordées de grands chênes, les rues de ce quartier résidentiel cossu s'animent lors des défilés du carnaval... et le soir, autour des bars fréquentés par les étudiants.

Les incontournables

Lafayette Cemetery No 1

Uptown et Audubon (p. 86)
L'un des plus beaux de La Nouvelle-Orléans, ce quartier universitaire est aussi le lieu du shopping de luxe et de la gastronomie.

Les incontournables

Tramway de St Charles Avenue

Audubon Zoological Gardens

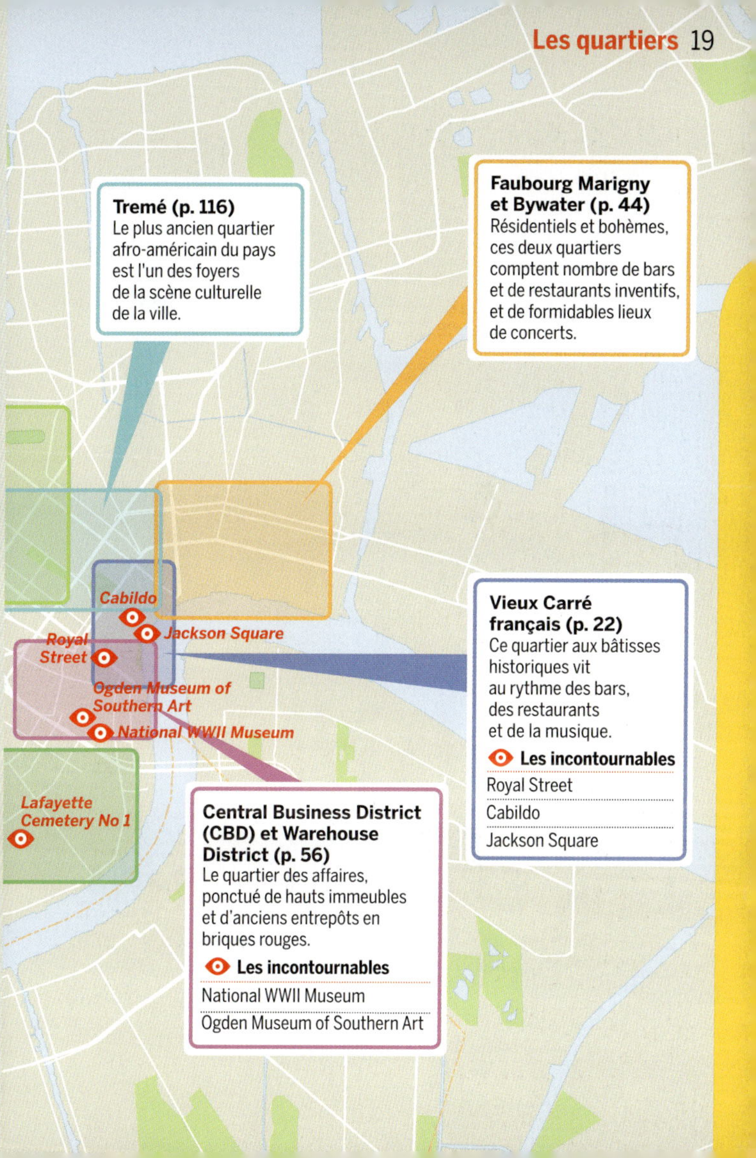

Tremé (p. 116)
Le plus ancien quartier afro-américain du pays est l'un des foyers de la scène culturelle de la ville.

Faubourg Marigny et Bywater (p. 44)
Résidentiels et bohèmes, ces deux quartiers comptent nombre de bars et de restaurants inventifs, et de formidables lieux de concerts.

Vieux Carré français (p. 22)
Ce quartier aux bâtisses historiques vit au rythme des bars, des restaurants et de la musique.

Les incontournables
- Royal Street
- Cabildo
- Jackson Square

Central Business District (CBD) et Warehouse District (p. 56)
Le quartier des affaires, ponctué de hauts immeubles et d'anciens entrepôts en briques rouges.

Les incontournables
- National WWII Museum
- Ogden Museum of Southern Art

Explorer La Nouvelle-Orléans

Vaut le détour

Cathédrale Saint-Louis (p. 29), Vieux Carré

KYLIE MCLAUGHLIN/GETTY IMAGES ©

Explorer

Vieux Carré français

Cœur historique – et touristique – de la ville, le “French Quarter” et ses vieux édifices créoles aux balcons en fer forgé composent la carte postale de La Nouvelle-Orléans. S’y trouvent quelques-uns des meilleurs restaurants et bars de la ville. Dès les premières notes de trompette et de guitare, on ressent cette magie qui a ému des générations de poètes, de rêveurs et de musiciens.

L'essentiel en un jour

Louer un vélo constitue une excellente façon de se déplacer. Nous vous conseillons de commencer la journée par une viennoiserie et un café serré au **Croissant d'Or** (p. 37). Ensuite, mettez le cap sur **Jackson Square** (p. 28) et plongez dans l'histoire de la Louisiane en visitant le **Cabildo** (p. 26). En sortant, n'oubliez pas de vous faire tirer les tarots ou de jeter une oreille aux *brass bands*, sur la place.

Déjeunez au **SoBou** (p. 37), puis allez flâner le long du Mississippi et assistez à un concert à l'**Old US Mint** (p. 32). Maintenant que vous êtes "au fond" du quartier, allez faire un tour au **French Market** (p. 32), avant de retourner doucement vers Canal St en écoutant au passage les groupes qui jouent dans les rues du quartier, notamment **Royal Street** (p. 24).

Faites le plein de potions magiques et autres décoctions à l'**Esoterica Occult Goods** (p. 43), puis ralliez le **Preservation Hall** (p. 42) à temps pour assister à un concert. L'heure est venue de savourer l'une des cuisines les plus grandioses de la ville. Dînez au **Bayona** (p. 36), puis terminez la soirée autour d'un verre à l'**Erin Rose** (p. 40) ou au **Tonique** (p. 39) ; pour un cocktail tropical, rendez-vous au **Latitude 29** (p. 39).

Les incontournables

Royal Street (p. 24)

Cabildo (p. 26)

Jackson Square (p. 28)

Le meilleur du quartier

Restaurants

Bayona (p. 36)

Green Goddess (p. 39)

Musique live

Preservation Hall (p. 42)

House of Blues (p. 42)

Bars

Tonique (p. 39)

French 75 (p. 40)

Musées

Cabildo (p. 26)

Historic New Orleans Collection (p. 32)

Comment y aller

Bus Le n°91 emprunte Rampart St et Esplanade Ave, deux axes limitrophes du quartier.

Tramway Les *streetcars* de Canal St et du Riverfront circulent à la lisière du quartier.

Voiture Places réservées, durées limitées... stationner dans le quartier peut être compliqué. Privilégiez les parkings.

Les incontournables
Royal Street

Bien plus calme, raffinée et authentique que Bourbon St, sa décadente voisine, Royal St est certainement la rue la plus typique du Vieux Carré français. En flânant au fil des gracieux édifices patinés par le temps, on ressent la légèreté – rehaussée d'une touche d'élégance – qui constituait jadis l'essence du quartier. Musiciens de rue, bons restaurants, antiquaires et galeries sont autant d'excuses pour s'y attarder, tout en profitant de l'ombre prodiguée par les balcons en fer couverts de plantes en pot.

Plan p. 30, A7

Musiciens devant le LaBranche Building, Vieux Carré

À ne pas manquer

Spectacles de rue

L'après-midi, Royal St est fermée à la circulation entre St Ann St et St Louis St. Musiciens et artistes de rue y prennent alors leurs quartiers : le spectacle est (presque) toujours au rendez-vous !

Architecture

Les 13 *blocks* qui composent la partie "française" de Royal St comptent certains des plus beaux – et des plus anciens – bâtiments de la ville. On remarquera notamment le LaBranche Building (1832 ; angle St Peter St), avec ses beaux balcons en fer ouvragé, la Casa de Commercio (n°536), l'un des premiers édifices à avoir été reconstruit après l'incendie de 1794 (voir l'encadré p. 32) et la Merieult House (n°533), édifiée en 1792 et l'une des rares à avoir échappé aux flammes. Derrière nombre de ces bâtiments se cachent jardins et cours arborées.

Cour suprême de Louisiane

Au n°400, cet imposant bâtiment de style Beaux-Arts détonne au milieu de l'architecture coloniale espagnole du quartier. Achevé en 1910, il fut le siège de la Cour suprême de l'État jusqu'en 1958, lorsqu'elle fut déplacée dans des locaux plus modernes du Central Business District… avant de réintégrer le bâtiment en 2004. Devant trône une statue d'Edward Douglass White, président de la Cour suprême des États-Unis de 1910 à 1921.

Lèche-vitrine

Royal St aligne sur plusieurs *blocks* antiquaires et galeries d'art, composant une artère commerçante élégante. Cette ambiance huppée tombe une fois par an en août, lors de la Dirty Linen Night (dirtylinennola.com). Les galeries ouvrent alors grand leurs portes, des groupes descendent dans la rue et le vin coule à flots.

☑ À savoir

- La zone piétonne ("pedestrian only") est interdite à tout véhicule, vélos inclus.
- Si vous cuisinez, il existe une épicerie (Rouse) correctement approvisionnée à l'angle de St Peter St et de Royal St.
- Accordez une petite pièce aux artistes de rue – surtout si vous vous attardez et assistez au spectacle.
- Par temps chaud, le cyclo-pousse (voir p. 33) est un bon moyen de rallier l'autre extrémité de Royal St.

Une petite pause ?

Si vous êtes en quête d'une cuisine créole revisitée de manière créative, faites une halte à l'excellent Green Goddess (p. 39).

Les amateurs de caféine feront un saut au Spitfire Coffee (p. 41) pour savourer un expresso explosif.

Les incontournables
Cabildo

Ancien siège du pouvoir colonial, le "conseil municipal" (1770) fut détruit lors du grand incendie de 1788, puis fut reconstruit en 1795 dans le style espagnol – le toit mansardé, de style français, est un ajout plus tardif. Il servit successivement aux différents gouvernements – Espagnols, Français puis Américains – et plusieurs pages d'Histoire furent écrites ici. C'est en effet entre ces murs que fut signé, en 1803, l'acte de cession par la France de la Lousiane aux États-Unis. Il accueille aujourd'hui un musée de la mémoire de la Louisiane et de La Nouvelle-Orléans.

Plan p. 30, C5

☎800-568-6968, 504-568-6968

www.louisianastatemuseum.org

701 Chartres St

6 $, gratuit -12 ans

⏲10h-16h30 mar-dim

Le Cabildo, vu depuis Jackson Square

À ne pas manquer

Une mosaïque de peuples

Le rez-de-chaussée s'intéresse aux communautés qui ont élu domicile en Louisiane du Sud, des premiers Amérindiens aux vagues de colons – Français, Espagnols, Allemands, Irlandais… On y trouve aussi des statistiques particulièrement macabres sur la fréquence des maladies et le lourd tribut payé par la Louisiane en la matière.

Sala Capitular

Avec ses grandes fenêtres, la longue salle d'audience, au 1er étage, jouit d'une vue imprenable sur Jackson Square. Diverses procédures municipales et juridiques s'y déroulèrent, dont l'affaire *Plessy contre Ferguson* (1896), qui légalisa la ségrégation raciale en énonçant la doctrine "séparés mais égaux", ou la signature des actes de cession de la Louisiane – en 1800 entre l'Espagne et la France, et en 1803 entre la France et les États-Unis.

Esclavage et société

Le 2e étage, sous les toits, est consacré en partie à l'esclavage et à la douloureuse question raciale en Louisiane – La Nouvelle-Orléans fut jadis un important port négrier. Vous y verrez notamment des affiches promettant une récompense pour la capture d'esclaves en fuite, sinistres rappels du statut autrefois réservé à une grande partie de la population locale.

Reconstruction de la Louisiane

Le reste du 2e étage est dédié à la guerre de Sécession et à la reconstruction – ses plaies furent particulièrement difficiles à panser dans le Sud –, exposées et expliquées de manière claire et objective.

À savoir

- Renseignez-vous sur les circuits pédestres dans les quartiers de la ville proposés par l'association Friends of the Cabildo.
- Le site Internet du musée (rubrique "Education" puis "The Cabildo") recèle des chasses au trésor (en anglais) à imprimer pour les enfants.
- Comptez deux heures pour faire le tour des expositions du musée.

Une petite faim ?

À quelques pas du Cabildo, le Sylvain (p. 38) est un charmant gastropub qui permet de terminer la visite par un bon cocktail et un plat de cailles rôties.

Envie d'une petite folie ? Le SoBou (p. 37) sert une cuisine lousianaise moderne et inventive.

Les incontournables
Jackson Square

Épicentre du Vieux Carré, Jackson Square donne le ton du quartier avec son joyeux mélange de promeneurs, d'artistes de rue, de musiciens et de diseuses de bonne aventure et marie les styles architecturaux, témoins de son histoire mouvementée. S'étendant de part et d'autre du petit parc central, les Pontalba Buildings encadrent cette ancienne place d'Armes, tandis que les bâtiments du Cabildo et du Presbytère, presque jumeaux, jouxtent la cathédrale Saint-Louis, pièce maîtresse de Jackson Square.

Plan p. 30, C5

Angle de Decatur St et de St Peter St

Statue d'Andrew Jackson et cathédrale Saint-Louis, Jackson Square

À ne pas manquer

Cathédrale Saint-Louis

Dédiée au roi Louis IX, canonisé en 1297, cette cathédrale s'élève sur les ruines d'une première église, érigée au début de la colonisation française et détruite par le grand incendie de 1788. Achevée en 1794, elle fut grandement remaniée au milieu du XIXe siècle – un effrondrement accidentel lors des travaux fit disparaître une grande partie de la structure d'origine. C'est la plus ancienne cathédrale catholique du pays.

Artistes et amuseurs en tout genre

Les grilles du petit parc, au centre de la place, servent de galerie à toutes sortes d'artistes qui y accrochent leurs productions. Devant la cathédrale, des diseurs de bonne aventure tirent les cartes et c'est un spectacle permanent mêlant artistes de rue, *brass bands* et fanfares.

Statue équestre d'Andrew Jackson

Au centre du parc, cette œuvre de Clark Mills fut érigée en 1856 en l'honneur du vainqueur des Anglais à la bataille de La Nouvelle-Orléans (1815) – et futur président des États-Unis. L'inscription sur le socle, "L'Union doit être préservée", fut ajoutée lors de l'occupation de la ville par Benjamin Butler, gouverneur militaire de La Nouvelle-Orléans pour le Nord, lors de la guerre de Sécession.

Pontalba Buildings

Ces deux bâtiments jumeaux en brique de quatre niveaux, installés sur les flancs de la place, furent édifiés par la baronne de Pontalba dans les années 1840. D'inspiration parisienne, ils furent conçus pour accueillir des boutiques de luxe – aujourd'hui remplacées par des échoppes pour touristes –, tandis que les appartements des étages supérieurs furent parmi les premières locations du pays.

☑ À savoir

- Si vous photographiez des musiciens ou des artistes de rue, il est mal vu de ne pas donner la pièce.
- Vous avez le droit de venir sur la place avec votre vélo, mais pas de l'enfourcher : la zone est exclusivement réservée aux piétons.

Une petite pause ?

Commandez un café à la chicorée et des beignets au Café du Monde (p. 39), puis allez déguster l'ensemble en toute tranquillité sur la pelouse de Jackson Square.

Pour goûter à la cuisine cajun, direction Coop's Place (p. 36).

A
B
C
D
1
2
3
4
N Villere St
Marias St
Tremé St
Henriette Delille St
N Rampart St
TREMÉ
Louis Armstrong Park
Auditorium municipal
Burgundy St
Kerlerec St
Dauphine St
FAUB MAR
Esplanade Ave
Kerlerec St
Barracks St
Governor Nicholls St
St Philip St
Dauphine St
Ursulines Ave
Bourbon St
Dumaine St
Royal St
Chartres St
Decatur St
French Market Pl
N Peters St
6 Gallier House Museum
Old US Mint
4
8 Beauregard-Keyes House
7
Old Ursuline Convent
French Market
2
Ursulines
Dumaine
St Ann St
Orleans Ave
St Peter St
Lower Pontalba Building
Presbytère
Madison St
Antoine Al
Pirate Al
St Ann St
5
VIEUX CARRÉ
N Rampart St
13
14
16
12
9
22
20
30
34
35
37
36
23
27
19
15
32
33
29
28

Cabildo
Jackson Square
Woldenberg Park
Historic New Orleans Collection 3
10
17
24
26
18
11
25
21
31
1 Riverfront
Royal Street
Upper Pontalba Building
Jackson Brewery
Cour suprême de l'État
Toulouse St
St Peter St
St Louis St
Wilkinson St
Conti St
Burgundy St
Dauphine St
Bourbon St
Bienville St
Iberville St
Exchange Pl
Chartres St
Decatur St
Clinton St
Clay St
N Front St
N Peters St
Toulouse
Moonwalk
Bienville
Mississippi
Ferry vers Algiers Po
Bourbon St/ Carondelet St
Chartres St/ Camp St
St Charles Ave
Common St
Camp St
Canal St
Canal Place
Gravier St
Common St
Union St
Peters St
Picayune Pl
Magazine St
Tchoupitoulas St
S Peters St
Poydras
Natchez St
Casino Harrah's
Canal
Spanish Plaza
Woldenberg Park
A
B
C
D
E
5
6
7
8
Nos adresses
Les incontournables p. 24
Voir p. 32
Se restaurer p. 36
Prendre un verre p. 39
Sortir p. 42
Shopping p. 43

Voir

Riverfront
PARC

1 Plan p. 30, C7

La rive du Mississippi bordant le Vieux Carré a été totalement aménagée et un petit espace vert parsemé d'œuvres d'art public – le **Woldenberg Park** – en marque l'extrémité sud. Elle se prête à une agréable balade, notamment au crépuscule. (entre Bienville St et St Philip St)

French Market
MARCHÉ

2 Plan p. 30, D4

Fondé en 1791, le "marché français" fut longtemps l'un des principaux carrefours commerciaux de la ville. C'est aujourd'hui une jungle touristique passablement aseptisée, alliant curiosités, puces et camelote. (504-522-2621 ; www.frenchmarket.org ; 1100 N Peters St ; variable selon les stands)

Comprendre
Le "quartier français" ?

La ville fut fondée en 1718 par l'explorateur Jean-Baptiste Le Moyne de Bienville, qui la nomma d'après le roi régnant : Philippe d'Orléans. Détruite par un ouragan en 1721, elle fut reconstruite en 1722 par Pierre Le Blond de La Tour et Adrien de Pauger, qui dessinèrent alors les plans du "Carré", organisé autour de l'église Saint-Louis. Si la structure du quartier n'a pas changé, ce dernier n'a aujourd'hui de français que le nom : il fut en effet presque intégralement détruit par deux incendies, en 1788 et 1794, et reconstruit dans le style colonial espagnol – la Louisiane ayant changé de mains en 1762.

Historic New Orleans Collection
MUSÉE

3 Plan p. 30, B5

Ce centre de recherche dédié à la préservation du patrimoine a investi et restauré plusieurs bâtiments de la ville. Les expositions, bien conçues, mettent l'accent sur les documents historiques – on y voit ainsi l'original du traité de cession de la Louisiane – et des visites guidées thématiques (architecture, histoire...) sont programmées à 10h, 11h, 14h et 15h. La plus intéressante vous fera découvrir la Williams Residence, petite maison de la fin du XIXe siècle. (504-523-4662 ; www.hnoc.org ; 533 Royal St ; accès libre, visite guidée 5 $; 9h30-16h30 mar-sam, 10h30-16h30 dim)

Old US Mint
MUSÉE

4 Plan p. 30, E3

Cet imposant bâtiment de style Renaissance hellénique est le seul du genre à avoir frappé à la fois la monnaie des États-Unis d'Amérique et celle des États confédérés. Devenu un musée, l'endroit présente des expositions tournantes consacrées à l'histoire et à la culture locales. Il abrite également le Louisiana Historical Center, qui archive manuscrits et documents en lien avec l'État. Au 2e étage, le New

French Market

Orleans Mint Performing Arts Center organise des concerts l'après-midi en semaine. Programmation au guichet et sur le site www.musicatthemint.org. (☎800-568-6868, 504-568-6993 ; www.louisianastatemuseum.org ; 400 Esplanade Ave ; adulte/enfant 6/5 $; ⏲10h-16h30 mar-dim)

Presbytère

MUSÉE

5 ◉ Plan p. 30, C4

Construit en 1791 à droite de la cathédrale, le presbytère est aujourd'hui un musée du Mardi Gras, la fête la plus emblématique de la ville. Il recèle quantité d'informations sur les confréries, l'histoire et l'aspect racial de cette célébration complexe, et donne à voir costumes et accessoires. Le rez-de-chaussée est quant à lui dédié à

Bon plan

Cyclo-pousse

S'il est agréable de flâner dans le Vieux Carré, les distances s'avèrent parfois trompeuses, surtout quand il fait chaud et que l'on veut rejoindre un autre quartier. Alternative au vélo – qui reste la meilleure option –, les cyclo-pousses vous mèneront aux quatre coins de la ville. Vous pouvez soit héler ces taxis à pédales, soit appeler le standard. Essayez **New Orleans Bike Taxi** (☎504-891-3441 ; www.neworleansbiketaxi.com) ou **NOLA Pedicabs** (☎504-274-1300 ; www.nolapedicabs.com). Comptez 1 $ par passager et par pâté de maisons.

l'ouragan Katrina et à la reconstruction de la ville. (☎800-568-6968, 504-568-6968 ; www.louisianastatemuseum.org ; 751 Chartres St ; tarif plein/étudiant 6/5 $; ⏲10h-16h30 mar-dim ; 👪)

Gallier House Museum

ÉDIFICE HISTORIQUE

6 Plan p. 30, D3

Nombre de bâtiments de La Nouvelle-Orléans doivent leur existence, directement ou indirectement, à James Gallier père et fils. Ces deux architectes ont pimenté la mosaïque du Vieux Carré, faite d'influences françaises, espagnoles et créoles, d'accents néo-helléniques, britanniques et américains. Œuvre – et ancienne demeure – de James Gallier fils, cette maison de ville réalisée en 1857 est un bel exemple de son style, véritable hommage à l'architecture européenne – corniches en stuc, colonnes et statues intérieures... Beau mobilier d'époque. À l'arrière, les quartiers bien préservés des serviteurs, esclaves, font plus dans le "fonctionnel". (☎504-274-0746 ; www.hgghh.org ; 1132 Royal St ; visite guidée tarif plein/réduit 15/12 $; ⏲visites toutes les heures 10h-14h lun, mar, jeu et ven, 12h-15h sam, sur réservation mer)

Old Ursuline Convent

ÉDIFICE HISTORIQUE

7 Plan p. 30, D3

En 1727, après un périple de cinq mois depuis Rouen, 12 sœurs ursulines arrivèrent à La Nouvelle-Orléans pour s'occuper du minuscule hôpital de la garnison française et éduquer les jeunes filles – créoles, amérindiennes et afro-américaines – de la colonie. L'édifice initial fut remplacé en 1752 par ce bel exemple de l'architecture néoclassique – l'un des rares bâtiments du quartier à dater de l'ère coloniale française. Il abrite désormais les archives de l'archidiocèse et un petit musée d'objets religieux. (☎504-529-3040 ; www.stlouiscathedral.org ; 1112 Chartres St ; tarif plein/étudiant/senior 5/3/4 $; ⏲10h-16h lun-sam)

Comprendre

Le "Big Muddy"

Si le choix d'un tel emplacement – la ville est en grande partie construite sous le niveau de la mer – peut laisser songeur, il est essentiellement stratégique. Simple comptoir de marchandises lors de sa fondation en 1718, La Nouvelle-Orléans fut installée au plus près de l'embouchure du Mississippi afin de contrôler la navigation sur le fleuve, le plus important d'Amérique du Nord. Grâce à sa situation, La Nouvelle-Orléans était, moins de 10 ans après sa création, une petite ville portuaire, agricole et prospère, dont les productions – riz, tabac, coton... – étaient exportées en Europe. Raison d'être de La Nouvelle-Orléans, le Mississippi en est toujours l'âme.

Parmi nos endroits préférés pour admirer le fleuve figurent les bancs qui jalonnent la digue en face de Jackson Square, et le Moon Walk, une promenade construite par l'ancien maire Moon Landrieu.

Comprendre

Le patrimoine créole

Omniprésent en Louisiane, le terme "créole" fait généralement référence aux descendants des premiers colons européens, majoritairement originaires de France et d'Espagne en raison du statut de la colonie (française, puis espagnole, puis de nouveau française). Il était toutefois courant, dans les sociétés françaises postcoloniales, de qualifier les métis de "créoles" – un phénomène linguistique toujours d'usage en Louisiane. Voilà pourquoi une partie de la population métisse de La Nouvelle-Orléans, ainsi que ses descendants, se considère comme créole.

Le terme "créole" n'est pas à confondre avec celui de "cajun" – beaucoup de touristes utilisent indifféremment les deux. Il s'agit de deux cultures différentes et il faut chercher les origines des Cajuns du côté des Acadiens, colons ayant quitté la France pour tenter leur chance en Nouvelle-Écosse. Après la conquête du Canada par les Britanniques, les Acadiens refusèrent de se soumettre à la nouvelle couronne et furent contraints à l'exil au milieu du XVIIIe siècle. Beaucoup s'installèrent dans le sud de la Louisiane, alors française.

Influences, mélanges et identité

Après le rachat de la Louisiane en 1803, La Nouvelle-Orléans se retrouva englobée dans les États-Unis. Sans surprise, des tensions apparurent entre les Anglo-Américains, à majorité protestante, et les habitants de la grande ville du Sud, essentiellement catholiques. Si ces derniers trouvaient les premiers grossiers et ennuyeux, les Anglo-Américains considéraient les Louisianais comme irresponsables et fainéants – preuve que les clichés régionaux les plus éculés ne datent pas d'hier.

La Nouvelle-Orléans s'est fait une spécialité de digérer ses néo-arrivants et d'en faire une espèce à part. Si les vagues d'immigration ont enrichi la population locale par couches successives, la cité créole d'origine a su extraire quelque chose de typiquement néo-orléanais – une passion pour le divertissement, la cuisine et la musique – de chaque nouvelle composante.

Prenons l'exemple des Italiens, qui ont contaminé les habitudes culinaires avec leurs *muffulette* et musicales avec leurs crooners (comme Louis Prima). Pareillement, les Vietnamiens ont importé leur gastronomie et leur goût des festivités ; le Nouvel An vietnamien (Tet) est aujourd'hui une fête majeure pour les habitants de la ville, indépendamment de leur confession ou de leur couleur de peau.

Beauregard-Keyes House

ÉDIFICE HISTORIQUE

8 Plan p. 30, D3

Achevée en 1826, cette belle maison de style néo-classique doit son nom actuel à ses deux plus célèbres résidents : le général confédéré Pierre Gustave Toutant Beauregard, qui la loua trois ans à son retour de la guerre de Sécession, et Frances Parkinson Keyes, auteur de nombreux romans, à qui elle doit sa rénovation et son intérieur typique des années 1860. Un beau jardin à la française, organisé autour d'une fontaine, complète l'ensemble. (504-523-7257 ; www.bkhouse.org ; 1113 Chartres St ; visites tarif plein/enfant/étudiant 10/4/9 $; visites toutes les heures 10h-15h lun-sam)

Se restaurer

Coop's Place

CAJUN **$**

9 Plan p. 30, D3

Un authentique boui-boui cajun, sombre et bruyant à souhait. Si les serveurs sont parfois bourrus, la cuisine, authentique, vaut le déplacement : *jambalaya*, poulet avec crevettes et *tasso* (jambon fumé) servi dans une sauce... Interdit aux moins de 21 ans. (504-525-9053 ; www.coopsplace.net ; 1109 Decatur St ; plats 8-18 $; 11h-3h)

Bayona

LOUISIANAIS **$$$**

10 Plan p. 30, B5

La meilleure adresse du quartier pour une cuisine haut de gamme. De la saveur sans pesanteur, de l'élégance

Comprendre

Femmes de grande et petite vertu

Face à la pénurie de femmes blanches dans les colonies françaises d'Amérique, les autorités décidèrent de faire venir de France des jeunes filles en âge de se marier, généralement recrutées dans les orphelinats et les couvents. Éduquées par les sœurs, ces "filles de la Cassette" (ainsi surnommées en raison du trousseau qui leur était fourni sur la Cassette, le Trésor royal) avaient ensuite vocation à faire de bonnes épouses pour les colons français de la ville.

Pour autant, la prostitution locale, très répandue dans les colonies, ne perdit jamais de son lustre. Les plus fameuses maisons closes de La Nouvelle-Orléans, aussi anciennes que la réputation sulfureuse de la ville, étaient de belles demeures aux œuvres d'art et aux meubles raffinés. En 1898, l'échevin Sidney Story accoucha d'un décret qui obligeait les maisons de passe à quitter le Vieux Carré pour un "quartier officiel de la prostitution", en bordure de Tremé. Jamais à court d'ironie, les habitants de La Nouvelle-Orléans le surnommèrent "Storyville", en son honneur. Lieu de traffics, d'alcool et de jeux, il eut un grand rôle dans la diffusion du jazz – les maisons de passe employant des musiciens. Le quartier fut fermé en 1917.

DANITA DELIMONT/GETTY IMAGES ©

Beignets et café au lait, Café du Monde (p. 39)

sans prétention, de la créativité sans excentricité, le tout dans un cadre très agréable. Renouvelé fréquemment, le menu propose généralement du poisson et du gibier, préparés avec raffinement. (504-525-4455 ; www.bayona.com ; 430 Dauphine St ; plats 29-38 $; 11h30-13h30 mer-dim, 18h-21h30 lun-jeu, 17h30-22h ven-sam)

SoBou AMÉRICAIN MODERNE $$$

11 Plan p. 30, B6

Au "South of Bourbon", la cuisine est difficile à définir mais excellente en tout point. Les cuisiniers allient débauche culinaire à la louisianaise et excentricités : beignets de patates douces avec sauce au canard et glaçage à la chicorée, burger au foie gras... Au bar, cocktails fabuleux ; certaines tables sont équipées de tireuses à bière. (504-552-4095 ; www.sobounola.com ; 310 Chartres St ; plats 24-38 $; 7h-22h)

Croissant d'Or BOULANGERIE-PÂTISSERIE $

12 Plan p. 30, D3

De nombreux habitants du quartier commencent leur journée dans cette pâtisserie, dans la partie la plus calme du Vieux Carré. Un journal, un café, un croissant – voire une part de tarte ou un sandwich – et c'est le bonheur. Sur le seuil, l'inscription carrelée "*ladies entrance*" (entrée des femmes) est un vestige d'une époque où le féminisme n'avait pas cours. (504-524-4663 ; www.croissantdornola.com ; 617 Ursulines Ave ; repas 3-5 $; 6h-15h mer-lun)

Bon plan

Sur le pouce

Le quartier compte plusieurs options pour qui souhaite faire (ou acheter) un sandwich. Même si seuls quelques vestiges de l'ancien marché demeurent, le French Market (p. 32) propose sandwichs frais, *po'boys* et denrées alimentaires. La majorité des échoppes ouvrent de 9h à 18h environ. Un authentique marché fermier, avec produits frais et viande, s'y déroule le mercredi de 14h à 18h, et le samedi de 10h à 14h.

Vous pouvez également opter pour les sandwichs de Verti Marte (ci-dessous) ou la *muffuletta* de Central Grocery (voir p. 40). Il y a une épicerie au n°701 de Royal St (6h-1h).

Port of Call
BURGERS $

13 Plan p. 30, D2

Dans un cadre qui évoque un tiki bar des années 1960, on déguste de savoureux burgers accompagnés d'une pomme de terre au four couverte de crème et de bacon. Attendez-vous à faire la queue : ici, pas de réservation ! (504-523-0120 ; www.portofcallnola.com ; 838 Esplanade Ave ; plats 7-21 $; 11h-minuit, 11h-1h ven-sam)

Verti Marte
ÉPICERIE FINE $

14 Plan p. 30, D2

Cette épicerie fine propose une carte de sandwichs aussi longue qu'une chaude journée d'été à La Nouvelle-Orléans. Essayez le "All That Jazz", une combinaison insensée de dinde, crevettes, jambon et fromage, sans oublier la sauce. (504-525-4767 ; 1201 Royal St ; sandwichs 4-9 $; 24h/24)

Mister Gregory's
CAFÉ FRANÇAIS $

15 Plan p. 30, B3

Le fait que les expatriés français de la ville fréquentent régulièrement cet établissement devrait suffire à vous renseigner sur la qualité du pain. Ce café tout simple est spécialisé dans les sandwichs frais, les croque-monsieur, les salades et les gaufres. (504-407-3780 ; www.mistergregorys.com ; 806 N Rampart St ; plats 5-13 $; 9h-16h ;)

Mona Lisa
ITALIEN $

16 Plan p. 30, D2

Ici, le chef-d'œuvre de Léonard de Vinci est à "l'honneur" : ornée de bigoudis, avec quelques kilos en trop ou sous la forme d'une vache, elle fixe impassiblement les convives qui dégustent pizzas, pâtes et salades. (504-522-6746 ; 1212 Royal St ; plats 9-18 $; 17h-22h lun-jeu, 17h-23h ven-dim)

Sylvain
LOUISIANAIS $$

17 Plan p. 30, C5

Rustique et élégant, ce gastropub tire des produits locaux une savoureuse cuisine du Sud. Le confit de canard servi sur lit de doliques à œil noir (*black-eyed peas*) vous donnera une idée de l'expérience gastronomique proposée : riche, raffinée et savoureuse. Excellents cocktails. (504-265-8123 ; www.sylvainnola.com ; 625 Chartres St ; plats 12-25 $; 17h30-23h lun-jeu, 11h30-14h30 et 17h30-minuit ven-sam, 10h30-14h30 et 17h30-22h dim)

Green Goddess
FUSION $$

18 Plan p. 30, B6

Envie d'espiègleries culinaires ? Cap sur le Green Goddess, qui fait se rencontrer – avec maestria ! – des influences du monde entier. Au programme, du tofu à la citronnelle sur une crème brûlée au wasabi, des crêpes d'Inde du Sud accompagnées de crevettes au tamarin, sans oublier du canard fumé et un gruau de maïs à la truffe à se damner... (504-301-3347 ; www.greengoddessrestaurant.com ; 307 Exchange Pl ; plats 12-20 $; 11h-21h mer-dim ;)

Prendre un verre

Tonique
BAR

19 Plan p. 30, B3

Ce bar concocte quelques-uns des meilleurs cocktails de La Nouvelle-Orléans et compte une carte des spiritueux longue comme un roman de Tolstoï. Rien d'étonnant à ce que certains des meilleurs barmans de la ville viennent parfois y prendre un verre. (504-324-6045 ; www.bartonique.com ; 820 N Rampart St ; 12h-2h)

Molly's at the Market
PUB

20 Plan p. 30, D3

Cet excellent pub de quartier réunit dans la bonne humeur une clientèle éclectique mêlant habitués et touristes. Pour se mettre dans l'ambiance, nous recommandons l' Irish Coffee. Veillant d'un œil impassible sur son domaine, un gros chat trône non loin d'une urne... renfermant les cendres du fondateur des lieux. (504-525-5169 ; www.mollysatthemarket.net ; 1107 Decatur St ; 10h-6h)

100% Nola

Bataille de beignets

Incontournable, le **Café du Monde** (800-772-2927 ; www.cafedumonde.com ; 800 Decatur St ; beignets 2 $; 24h/24) a bâti sa réputation sur ses beignets, excellents (la qualité du café, par contre, est variable). Très fréquenté, l'endroit est plus romantique en fin de soirée. Autre option du quartier pour déguster ces délicieuses boules de pâte frites, le **Café Beignet** (504-524-5530 ; www.cafebeignet.com ; 334 Royal St ; repas 6-8 $; 7h-17h) a pour lui un meilleur café. Les beignets sont plus denses et plus généreux en glaçage – ce qui plaît plus ou moins selon les goûts. Faites-vous votre propre opinion en savourant les deux !

Latitude 29
BAR À COCKTAILS

21 Plan p. 30, C6

Expert en destinations exotiques – et des cocktails associés –, Jeff “Beachbum” Berry a écrit plusieurs ouvrages sur le sujet, et le rhum y tient souvent le premier rôle. Venez goûter ses créations au Latitude 29, ouvert en novembre 2014 – un bar “tiki”, comme il se doit. (504-609-3811 ; www.latitude29nola.com ; 321 N Peters St ; 15h-23h dim-jeu, 11h-23h ven-sam)

100% Nola

La *muffuletta* de Central Grocery

Certains lieux de La Nouvelle-Orléans sont inextricablement liés à certains mets : c'est le cas de **Central Grocery** (☎504-523-1620 ; 923 Decatur St ; sandwichs 7-10 $; ⏲9h-17h mar-dim), épicerie authentique indissociable de la *muffuletta* – un très généreux sandwich garni de tranches de salami, de jambon, de fromage, d'olives et de légumes marinés –, entre autres produits italiens.

Cane & Table

BAR À COCKTAILS

22 Plan p. 30, E3

Difficile d'ignorer cette adresse au cadre patiné romantique – brique apparente, boiseries marquées par le temps, grand comptoir en marbre – et à la belle cour évoquant la Méditerranée. La carte des boissons propose des cocktails tiki classiques – combinant saveurs caribéennes, fruits tropicaux et rhum en abondance –, ainsi que des créations maison. (☎504-581-1112 ; www.caneandtablenola.com ; 1113 Decatur St ; ⏲17h-23h lun-jeu, 17h-minuit ven-sam)

Cosimo's

BAR

23 Plan p. 30, C2

Le Cosimo's est l'un des rares bars de quartier du Vieux Carré. Bois sombre, grandes fenêtres, machines à sous, juke-box, billards, barmans offrant un juste cocktail de douceur et de rudesse... Un excellent bar, tout simplement, qui mérite votre présence. (☎504-522-9715 ; 1201 Burgundy St ; ⏲16h-2h lun-mar, 16h-5h mer-ven, 14h-5h sam, 14h-2h dim)

Erin Rose

BAR

24 Plan p. 30, B5

Malgré sa proximité (un *block*), le Rose semble à des années-lumières de Bourbon St. Ici, les touristes sont rares : c'est plus le genre d'endroit où les habitants du coin passent prendre une bière et discuter quand ils sont en congé. Excellents *po'boys* (sandwichs généralement à base de bœuf ou de crevettes frites) et tarifs amènes. (☎504-522-3573 ; www.erinrosebar.com ; 811 Conti St ; ⏲24h/24)

Chart Room

BAR

25 Plan p. 30, B6

Un bar formidable, tout simplement : murs en brique patinés, vieux mobilier qui grince et une terrasse pour observer les passants – une galerie de personnages tout droit sortis d'un roman noir de Mickey Spillane, un jour de carnaval. Espérons que les nouveaux propriétaires sauront conserver intacte l'atmosphère de cette institution, installée ici depuis 40 ans. (☎504-522-1708 ; 300 Chartres St ; ⏲11h-4h)

French 75

BAR

26 Plan p. 30, A5

Dans cet établissement tout en bois et en accents raffinés, le personnel sait

Le Vieux Carré en soirée

rester simple et chaleureux. On vous préparera un cocktail de haut vol, capable de vous projeter dans une pièce de Tennessee Williams sur la décadence de l'aristocratie du Sud et de vous faire tourner la tête. (☎504-523-5433 ; www.arnaudsrestaurant.com/bars/french-75 ; 813 Bienville St ; ⏲17h30-22h)

Lafitte's Blacksmith Shop BAR

27 Plan p. 30, C3

Ce bar en brique épuré, qui se présente comme le plus ancien bar en exercice du pays, est assurément l'un des plus évocateurs du Vieux Carré. Selon la légende, il aurait été l'atelier du pirate Jean Lafitte et de son frère Pierre. Que la légende soit vraie ou non (les archives historiques semblent pencher pour le camp du non), cette maison date du XVIIIe siècle. (☎504-593-9761 ; www.lafittesblacksmithshop.com ; 941 Bourbon St ; ⏲10h30-3h)

Spitfire Coffee CAFÉ

28 Plan p. 30, C4

Spécialités des lieux : le café filtre et les expressos ! Faisant fi de la quantité de lait habituelle, on y sert l'un des cafés les plus forts du quartier. Commandez votre boisson, gagnez Jackson Square et avalez votre dose de caféine pour affronter la journée de visites. (www.spitfirecoffee.com ; 627 St Peter St ; ⏲8h-19h dim-jeu, 8h-21h ven-sam)

À savoir

Bourbon Street

D'un point de vue architectural, rien ne différencie Bourbon St des autres rues du quartier. Alignant bars remplis de touristes et clubs de strip-tease, elle n'est ni la partie la plus représentative du quartier ni la plus agréable pour passer la soirée. Préférez d'autres adresses du Vieux Carré ou faites comme les habitants : mettez le cap sur le Faubourg Marigny (voir p. 46).

Sortir

Preservation Hall

JAZZ LIVE

29 Plan p. 30, B4

Logé dans un bâtiment de 1803, Preservation Hall est l'une des salles de concerts les plus célèbres de La Nouvelle-Orléans. Fondée en 1961 par Barbara Reid et Grayson "Ken" Mills, elle s'est donné pour mission de faire vivre et connaître le – très riche –patrimoine musical de la ville. Très talentueux, le Preservation Hall Jazz Band donne régulièrement des concerts dans le monde entier. L'endroit est de taille modeste : arrivez jusqu'à 1 heure à l'avance pour décrocher une place. Sinon, vous devrez rester debout et risquez fort de ne pas voir la scène. Quand il fait assez chaud pour laisser les fenêtres ouvertes, on peut écouter le set sur le trottoir. Le club ne sert ni alcool ni en-cas. (504-522-2841 ; www.preservationhall.com ; 726 St Peter St ; dim-jeu 15 $, ven-sam 20 $; concerts 20h, 21h et 22h)

Palm Court Jazz Café

MUSIQUE LIVE

30 Plan p. 30, E3

Ce vaste *supper club* programme régulièrement des légendes locales du jazz traditionnel. Début des concerts à 20h, devant une foule généralement plus âgée qu'au Preservation Hall. (504-525-0200 ; www.palmcourtjazzcafe.com ; 1204 Decatur St ; entrée environ 5 $; 19h-23h mer-dim)

House of Blues

MUSIQUE LIVE

31 Plan p. 30, B7

House of Blues s'est démené pour démarquer son bastion néo-orléanais des autres salles de la chaîne : œuvres d'art, peintures murales aux thématiques vaudoues, sculptures... Tout près de là, le **Parish**, son petit club affilié, est une excellente adresse pour être au plus près des artistes pendant les concerts. (504-310-4999 ; www.houseofblues.com ; 225 Decatur St ; entrée 7-25 $)

Bourbon Pub & Parade

CLUB GAY

32 Plan p. 30, C4

Le cœur de la scène gay de La Nouvelle-Orléans, du moins de sa vie nocturne et festive. Nombre des manifestations qui ponctuent le calendrier gay de la ville commencent, finissent ou se déroulent ici. Pendant la Southern Decadence, notamment, l'endroit est incontournable. Les filles sont les bienvenues, mais le bar est plutôt fait pour les garçons. (504-529-2107 ; www.bourbonpub.com ; 801 Bourbon St ; 24h/24)

Oz

CLUB GAY

33 Plan p. 30, C4

Un club gay classique, avec des tonnes de garçons dansant torse nu jusqu'au bout de la nuit et des bols de préservatifs à disposition. (504-593-9491 ; www.ozneworleans.com ; 800 Bourbon St ; 24h/24)

Shopping

Fifi Mahony's

PERRUQUES

34 Plan p. 30, D3

Dans cette ville très portée sur le déguisement, Fifi Mahony's fait figure de référence pour se procurer une perruque. La stupéfiante sélection de postiches parcourt toute la gamme, du modèle à paillettes jusqu'à la "choucroute", le tout présenté dans un véritable feu d'artifice de couleurs. Un salon de beauté et un personnel spirituel complètent l'expérience. (504-525-4343 ; 934 Royal St ; 12h-18h dim-ven, 11h-19h sam)

Green Eyed Gator

ART, ARTISANAT

35 Plan p. 30, D4

Cette galerie expose la production d'artisans et d'artistes locaux, notamment quelques toiles très intéressantes. Prix raisonnables par rapport à certaines galeries plus chic de Royal St. (504-535-4507 ; 901 Chartres St ; 11h-18h)

100% Nola

Faulkner House Books

Comme nombre d'écrivains américains, William Faulkner est passé à La Nouvelle-Orléans, louant brièvement un appartement dans une maison de Pirate's Alley en 1925. Ce logement est aujourd'hui une librairie : la **Faulkner House Books** (504-524-2940 ; www.faulknerhousebooks.com ; 624 Pirate's Alley ; 10h-17h). Un arrêt obligé pour tout amateur de littérature !

Chiwawa Gaga

ANIMAUX

36 Plan p. 30, D4

Ici, tout le monde se déguise pour Mardi Gras... pourquoi pas les chiens ? Les propriétaires de cette boutique, obsédés par le marché de niche, sont spécialisés dans les tenues pour vos petits compagnons. Ultra-recherché – ou totalement kitsch, c'est selon. (504-581-4242 ; www.chiwawagaga.com ; 511 Dumaine St ; 12h-18h)

Esoterica Occult Goods

CADEAUX

37 Plan p. 30, D4

Parmi les nombreuses boutiques spécialisées en vaudou/envoûtement du quartier, voici l'une de nos préférées. L'occulte y est traité avec sincérité : on essaie réellement de vous aider à rompre les sorts et à nettoyer votre karma. Faites une halte pour une consultation mystique. (504-581-7711 ; www.onewitch.com ; 541 Dumaine St ; 12h-18h ven-mar, 12h-15h mer-jeu)

Explorer

Faubourg Marigny et Bywater

S'étendant au nord-ouest du Vieux Carré, le Faubourg Marigny et Bywater, quartiers plus résidentiels, alignent belles demeures colorées, petites maisons charmantes – et quelques bâtiments industriels – dans une ambiance un brin bohème, qui a tendance à s'embourgeoiser. Moins touristiques, ils comptent d'excellents restaurants, bars et clubs où les habitants viennent prendre un verre et écouter du jazz en soirée.

L'essentiel en un jour

Commencez par un petit-déjeuner au **Cake Café & Bakery** (p. 51), dans Chartres St, en plein cœur du Faubourg Marigny. Flânez dans les rues alentour pour profiter de l'atmosphère du quartier et ne manquez pas le **Marigny Opera House** (p. 53), ancienne église catholique reconvertie.

Traversez Press St et la voie ferrée pour rejoindre le quartier de Bywater. Déjeunez au **Pizza Delicious** (p. 50), à moins que vous ne préfériez déguster une grillade au **Joint** (p. 51), non loin. Remontez ensuite Louisa St jusqu'au **Bywater Bargain Center** (p. 55), puis redescendez sur la rive du Mississippi pour une petite balade dans **Crescent Park** (p. 49).

Revenez dans le Faubourg Marigny pour diner. Véritable institution du quartier, **Mimi's** (p. 52) est une excellente option, tout comme **Lost Love** (p. 52) et ses délicieuses spécialités vietnamiennes. Flânez ensuite dans **Frenchmen St** (p. 49) et St Claude Ave : nul doute que vous dénicherez un concert au détour d'un bar, pour une plongée au cœur d'une soirée typique de La Nouvelle-Orléans.

Voyez notre suggestion de balade nocturne dans le Faubourg Marigny, p. 46.

100% Nola

Soirée concert(s) dans le Faubourg Marigny (p. 46)

Le meilleur du quartier

Se restaurer

Elizabeth's (p. 51)

Maurepas Foods (p. 51)

Bacchanal (p. 50)

Musique live

d.b.a. (p. 53)

Hi Ho Lounge (p. 54)

Bars et clubs

Lost Love (p. 52)

Mimi's (p. 52)

Scène gay et lesbienne

Faubourg Marigny Book Store (p. 55)

Country Club (p. 52)

Comment y aller

Bus Le n°5 suit Canal St et Decatur St, puis Poydras St et Dauphine St, au cœur du Faubourg Marigny et de Bywater.

Voiture Il est assez simple de stationner gratuitement dans Bywater ; c'est un peu moins vrai dans le Faubourg Marigny.

100% Nola

Soirée concert(s) dans le Faubourg Marigny

Que serait La Nouvelle-Orléans sans musique ? Âme de la ville, elle se vit dans la rue et dans les clubs, dont certains parmi les meilleurs se sont installés dans le Faubourg Marigny. Le soir venu, baladez-vous dans Frenchmen St et, comme les habitants, laissez vos oreilles guider votre choix.

❶ Dragon's Den

Le **Dragon's Den** (☎504-940-5546 ; www.dragonsdennola.com ; 435 Esplanade Ave ; ⏲20h-2h lun-jeu, jusqu'à 5h ven-dim) accueille régulièrement les meilleurs groupes de rock, ska, punk, drum and bass, dubstep et de hip-hop de la ville. À la même adresse, le restaurant **Seoul Shack** prépare de bons plats coréens : ailes de poulet, tacos de porc au kimchi et riz accompagné de salade de chou pimentée.

❷ Maison

Rue de la musique live par excellence, Frenchmen St (voir p. 49) est un incontournable du quartier. Débutez son exploration par **Maison** (504-371-5543 ; www.maisonfrenchmen.com ; 508 Frenchmen St ; 17h-2h dim, mar, mer, 2h30 jeu, 3h lun, ven, 3h30 sam), l'une des salles les plus agréables de la rue, qui propose une bonne programmation musicale. Goûtez les vodkas maison et laissez-vous porter par la musique, qui commence en tout début de soirée.

❸ Yuki Izakaya

Des DJ officient régulièrement au **Yuki** (504-943-1122 ; 525 Frenchmen St ; 17h-3h), petit bar où l'on déguste de fameux sushis et du bon saké, parfaits pour débuter la soirée en douceur. Vieilles affiches de cinéma et projection de films sur les murs en brique.

❹ Café Negril

Amateurs de reggae, blues, musique latine et du monde, arrêtez-vous au **Café Negril** (504-944-4744 ; www.cafenegrilonfrenchmen.com ; 606 Frenchmen St ; 18h-1h lun-ven, 16h-3h sam-dim). Si vous n'avez pas encore mangé, laissez-vous tenter par les tacos servis dans la cour.

❺ Observer les gens

Très fréquentée, Frenchmen St constitue un endroit idéal pour observer ses gens. La partie la plus animée de la rue ne dépasse pas trois blocs, mais offre un formidable échantillon de la gente humaine : musiciens des rues, poètes, bonimenteurs, spectateurs, gens déguisés...

❻ Phoenix Bar

En route pour St Claude Ave, avec bien sûr une petite pause boisson en chemin ! Au **Phoenix** (504-945-9264 ; www.phoenixbarnola.com ; 941 Elysian Fields Ave ; 11h-minuit lun-ven, 12h-2h sam-dim) par exemple, formidable bar gay très prisé de la communauté cuir. Il accueille beaucoup plus de locaux que d'autres bars équivalents du Vieux Carré.

❼ Gene's

Peut-être n'avez-vous plus très faim ni très soif, mais signalons tout de même que **Gene's** (504-943-3861 ; 1040 Elysian Fields Ave ; po'boys 7 $; 24h/24) prépare de bons daiquiris et de fabuleux *po'boys* à la saucisse. Ouvert 24h/24, cet établissement rose bonbon attire les habitants déjà bien éméchés en quête d'un petit quelque chose à grignoter pour se caler l'estomac.

❽ Intersection St Claude Ave et Marigny St

Autour de ce croisement, quelques bars et clubs – **AllWays Lounge** (voir p. 53), **Hi Ho Lounge** (voir p. 54), **Siberia** (2227 St Claude Ave) – ont les faveurs des habitants du quartier, des étudiants aux hipsters, en passant par les punks. La musique y est tout aussi hétéroclite.

Nos adresses
Voir p. 49
Se restaurer p. 50
Prendre un verre p. 52
Sortir p. 53
Shopping p. 54
BYWATER
ST ROCH
FAUBOURG MARIGNY
N Claiborne Ave
N Robertson St
St Claude Ave
N Rampart St
Burgundy St
Dauphine St
Royal St
Chartres St
Decatur St
N Peters St
Elysian Fields Ave
Esplanade Ave
Esplanade
Ursulines
Frenchmen St
Marigny St
Mandeville St
Spain St
St Roch Ave
Franklin Ave
Port St
Press St
St Ferdinand St
Montegut St
Feliciana St
Clouet St
Louisa St
Piety St
Desire St
Gallier St
Congress St
Independence St
Pauline St
Alvar St
Bartholomew St
Mazant St
France St
Lessens St
Poland Ave
N Villere St
Urquhart St
Marais St
Music St
Arts St
Painters St
N Roman St
N Derbigny St
St Vincent de Paul Cemetery
Crescent Park
Mississippi
Washington Sq Park
A Bicycle Named Desire
Frenchmen Art Market
Frenchmen Street
Agrandissement
Voir agrandissement
100 m
0,05 mile
500 m
0,25 mile
39
46

MS PHOTOS/ALAMY ©

Frenchmen Art Market (p. 50)

Voir

Crescent Park

PARC

1 Plan p. 48, D4

Notre endroit préféré en ville pour flâner le long du Mississippi s'annonce par une grande arche couleur rouille enjambant la voie ferrée, dans le prolongement de Piety St. Sitôt ce pont franchi, on découvre une promenade plantée d'arbres et de fleurs où subsistent des vestiges industriels – elle devrait à terme se prolonger jusqu'à Mandeville St. L'entrée de Mazant St est adaptée aux personnes handicapées. (entrées sur Chartres St au niveau de Piety St et de Mazant St ; 8h-18h, 19h mi-mars à début nov ; P)

Frenchmen Street

RUE

2 Plan p. 48, A2

Jadis chasse gardée des habitants du quartier, la rue attire de plus en plus de touristes. Rassurez-vous : on est encore loin de l'ambiance de Bourbon St. Bordée de clubs et de bars programmant d'excellents concerts, cette rue est incontournable pour découvrir la scène néo-orléanaise dans un cadre authentique et fréquenté des habitants. Elle attire chaque week-end une foule nombreuse mais n'en demeure pas moins très plaisante, en particulier la semaine, lorsqu'il y a moins de monde mais toujours autant de musique. Les clubs se répartissent entre Esplanade Ave et Royal St.

À savoir

Circuler à vélo

Attention aux rues, parfois en mauvais état, si vous circulez à vélo dans ces quartiers. Il y a une piste cyclable dans St Claude Ave, mais l'avenue est très passante et il peut être difficile d'y circuler, surtout le soir. Plusieurs accidents s'y sont produits.

Si vous ne vous sentez pas prêt à vous mesurer à la circulation de St Claude Ave, préférez Chartres St, plus calme.

Frenchmen Art Market ARTISANAT

3 Plan p. 48, A1

Artistes et artisans déploient leurs étals sur ce petit marché, sans doute le meilleur endroit de la ville pour dénicher un souvenir original : vêtements, bijoux artisanaux, affiches, œuvres d'art… (619 Frenchmen St ; 19h-1h jeu-dim)

Se restaurer

Bacchanal AMÉRICAIN MODERNE $

4 Plan p. 48, E4

Si d'extérieur cette adresse de Bywater, face à la voie ferrée, ne paie pas de mine – le crépi a connu des jours meilleurs et la porte verte aurait besoin d'un coup de peinture –, l'intérieur est un trésor pour tout amateur de vin et de fromage. Prenez place dans le jardin, éclairé de guirlandes, pour assister à un concert tout en dégustant de bons plats dans une assiette en carton : dattes fourrées au chorizo ou noix de saints-jacques sautées surprendront vos papilles. (504-948-9111 ; www.bacchanalwine.com ; 600 Poland Ave ; plats 8-16 $, fromage à partir de 5 $; 11h-minuit)

Red's Chinese CHINOIS $

5 Plan p. 48, C3

Sans pour autant tomber dans la cuisine “fusion”, ce restaurant n'hésite pas à apporter aux plats chinois quelques touches propres à la Louisiane. Vous y découvrirez principalement des spécialités épicées du Sichuan, qui s'accordent bien avec quelques pincées de poivre de Cayenne local. Le poulet “General Lee” est remarquable. (504-304-6030 ; www.redschinese.com ; 3048 St Claude Ave ; plats 8-16 $; 12h-15h et 17h-23h)

Pizza Delicious ITALIEN $

6 Plan p. 48, D4

Délicieuses, les croustillantes pizzas de cette adresse le sont assurément – la faute aux ingrédients extra-frais et de qualité utilisés. L'endroit est idéal pour dîner sans chichis dans une ambiance sympathique, tout en dégustant une bonne bière. La carte – qui propose chaque jour de nouvelles pizzas – plaira également aux végétariens. (www.pizzadelicious.com ; 617 Piety St ; part de pizza à partir de 2,25 $, pizza entière à partir de 15 $; mar-dim 11h-23h ;)

Joint

BARBECUE $

7 Plan p. 48, E4

Le fumet du porc fumé est absolument irrésistible. Confortablement installé dans le jardin, accompagnez vos côtelettes, votre effiloché ou votre poitrine de porc d'un verre de thé sucré froid. La belle vie ! (504-949-3232 ; www.alwayssmokin.com ; 701 Mazant St ; plats 7-17 $; 11h30-22h lun-sam)

Maurepas Foods

AMÉRICAIN $

8 Plan p. 48, D3

Avec ses plafonds hauts, sa déco minimaliste, ses sols cirés et ses éléments en métal, le Maurepas tranche avec les autres établissements de Bywater. Quant à la nourriture, elle est exquise ! Goûtez le poulet bio, les haricots verts du marché, le *grits* (porridge de maïs) ou les œufs pochés, tout est délicieux. Les végétariens choisiront les nouilles soba. Excellents cocktails maison également. (504-267-0072 ; www.maurepasfoods.com ; 3200 Burgundy St ; plats 7-18 $; 17h-minuit lun-ven, 10h-minuit sam-dim ;)

Elizabeth's

CAJUN, CRÉOLE $$

9 Plan p. 48, D4

Ne vous fiez pas au cadre sans attrait de l'Elizabeth's : la nourriture y est aussi savoureuse que celle des meilleurs chefs de la ville et vous vivrez ici une expérience typiquement néo-orléanaise. Accueil sympathique, bagou, goûts artistiques étonnants et surabondance de mets, tout y est. Les brunchs et les petits-déjeuners sont fabuleux, avec une mention spéciale pour le *praline bacon* : frit dans du sucre roux, c'est un régal. (504-944-9272 ; www.elizabethsrestaurantnola.com ; 601 Gallier St ; plats 16-26 $; 8h-14h30 et 18h-22h lun-sam, 8h-14h30 dim)

Comprendre

Plessy contre Ferguson

À l'angle de Press St et de Royal St, une plaque indique l'endroit où Homer Plessy, un métis, fut arrêté le 7 juin 1892 après être monté dans une voiture réservée aux Blancs et avoir refusé d'en descendre. Il contrevenait ainsi à la loi de ségrégation promulguée par la Louisiane en 1890. Le procès (Plessy contre Ferguson) qui s'en suivit mena à la reconnaissance de la ségrégation par la Cour suprême (1896) sur le principe "séparés mais égaux". Il faudra attendre les mouvements pour les droits civiques et les années 1950 pour voir la ségrégation – lentement – prendre fin. La plaque a été inaugurée en 2009 par Keith Plessy et Phoebe Ferguson, descendants des deux parties du procès – et amis.

Cake Café & Bakery

PETIT-DÉJEUNER $

10 Plan p. 48, B3

Le week-end, on fait la queue ici jusqu'à dehors. Les *biscuits and gravy* (petits pains recouverts d'une sauce à la saucisse, typique du sud des États-Unis), les huîtres frites, les *grits* (en saison) et toutes les omelettes valent le détour. Les gâteaux et les plats servis au déjeuner sont tout aussi bons. (504-943-0010 ; www.nolacakes.com ; 2440 Chartres St ; plats 6-11 $; 7h-15h mer-lun)

Prendre un verre

BJ's

BAR

11 Plan p. 48, E3

Un peu à l'écart, ce bar de quartier attire les amateurs de bière bon marché, de bonnes blagues et de musique live. Le lundi en particulier s'y produit à partir de 22h le groupe de blues-rock King James & the Special Men. Sachez que Robert Plant s'est lancé ici dans un bœuf impromptu lors de son dernier passage dans la ville. (504-945-9256 ; 4301 Burgundy St ; 17h-tard)

100% Nola

Clouet Gardens

Les habitants de Bywater ont transformé le terrain vague qui se tenait ici auparavant en un ravissant petit **parc** (www.clouetgardens.org ; 707 Clouet St ; du lever au coucher du soleil ;) décoré d'œuvres d'art de rue et de fresques murales. Des spectacles, des concerts et des rencontres entre voisins s'y déroulent régulièrement et il est très prisé des familles du quartier.

Mimi's in the Marigny

BAR

12 Plan p. 48, B3

Véritable institution dans le quartier, Mimi's offre un cadre sympathique et confortable tout de bric et de broc, avec des tables de billard et à l'étage, une salle de danse de style créole tendance excentrique, éclairée dans des tons sépia. (504-872-9868 ; 2601 Royal St ; 18h-2h dim-jeu, 4h ven-sam)

Country Club

BAR

13 Plan p. 48, C4

La façade est celle d'une belle demeure de Bywater. L'intérieur renferme un restaurant, un sauna, un grand patio avec un bar, une piscine chauffée, un grand écran de cinéma et un bain nordique ! La location des serviettes est de 10 $ pour pénétrer dans l'espace aquatique, qui constitue un point de rencontre apprécié de la communauté gay et lesbienne (hétérosexuels bienvenus). (504-945-0742 ; www.thecountryclubneworleans.com ; 634 Louisa St ; bar 10h-1h, restaurant 11h-21h dim-jeu, 22h ven-sam)

Lost Love

BAR

14 Plan p. 48, B3

Sombre et attirant, le Lost Love possède le charme des lieux défendus. Il sert des boissons bon marché et généreuses, organise régulièrement des karaokés et diffuse des séries. Ajoutons que l'on peut y manger d'excellents plats vietnamiens. (504-949-2009 ; www.lostlovelounge.com ; 2529 Dauphine St ; 18h-minuit)

Le Spotted Cat (p. 54)

Sortir

Marigny Opera House SPECTACLES

15 ☆ Plan p. 48, C3

Désacralisée en 1997 et reconvertie en salle de spectacles, cette église accueille pièces de théâtre et concerts et possède sa propre compagnie de danse, le Marigny Opera Ballet. Programmation sur le site Internet. (504-948-9998 ; www.marignyoperahouse.org ; 725 St Ferdinand St)

AllWays Lounge THÉÂTRE

16 ☆ Plan p. 48, A2

L'une des salles de concerts les plus pointues de la ville. Chaque soir, on peut assister à un concert – musique expérimentale, rock... –, à une pièce de théâtre, à un show burlesque ou à une soirée psychédélique inspirée des années 1960. Le plus : les boissons très bon marché. (504-218-5778 ; www.theallwayslounge.net ; 2240 St Claude Ave ; 18h-minuit sam-mer, 2h jeu-ven)

d.b.a. MUSIQUE LIVE

17 ☆ Plan p. 48, A1

Cette salle élégante programme toujours d'excellents artistes, tel John Boutté, jazzman à la voix de velours, ou encore des *brass bands*, du rock ou du blues. N'oublions pas son formidable choix de bières. Difficile d'être déçu ! (504-942-3731 ; www.dbaneworleans.com ; 618 Frenchmen St ; 17h-4h lun-jeu, à partir de 16h ven-dim ;)

Comprendre
Des champs Élysées

Axe central du Faubourg Marigny, Elysian Fields Avenue fut nommée en hommage aux Champs-Élysées parisiens et accueillait autrefois une ligne de chemin de fer reliant le Mississippi au Lake Pontchartain.

Ce clin d'œil rappelle les origines françaises du quartier, créé en 1805 sur les terres de la plantation de Bernard de Marigny – homme politique et joueur invétéré que les dettes poussèrent à la vente en lots du domaine familial. Il refusa de vendre ses terres aux Américains, nouvellement propriétaires de la Louisiane ; s'installèrent ainsi anciens colons et gens de couleur libres (esclaves affranchis avant l'abolition de l'esclavage).

Hi Ho Lounge
MUSIQUE LIVE

18 Plan p. 48, A2

Folk, rock, punk, *brass bands*... Cette salle de taille moyenne est vite bondée, mais demeure l'une des meilleures dans cette catégorie. (504-945-4446 ; www.hiholounge.net ; 2239 St Claude Ave ; 18h-2h dim-jeu, 3h ven-sam)

Spotted Cat
MUSIQUE LIVE

19 Plan p. 48, A1

À la différence du Snug Harbor, un tantinet guindé, situé juste en face, le Spotted Cat sert ses boissons dans des verres en plastique et se transforme rapidement en étuve, donnant ainsi une parfaite illustration des minuscules boîtes de jazz typiques de La Nouvelle-Orléans. Entrée toujours gratuite, sauf en cas d'événement particulier. (www.spottedcatmusicclub.com ; 623 Frenchmen St ; 16h-2h lun-ven, à partir de 15h sam-dim)

Snug Harbor
JAZZ

20 Plan p. 48, A1

Bien que relativement petit, le Snug Harbor est l'un des meilleurs clubs de jazz de la ville, notamment parce qu'il accueille généralement deux groupes par soirée, assurant ainsi une programmation variée, et parce qu'il sait à merveille associer valeurs sûres et jeunes talents. Les deux sont généralement programmés chaque soir. (504-949-0696 ; www.snugjazz.com ; 626 Frenchmen St ; 17h-23h)

+ Three Muses 536 + Maison 508

Shopping

I.J. Reilly's
ARTISANAT

21 Plan p. 48, B1

Bien que située dans la "maison" de Stanley Kowalski – que Tennessee Williams fait vivre au 632 Elysian Fields Ave dans sa pièce *Un tramway nommé Désir* –, cette boutique doit plutôt son nom à Ignatius Reilly, héros de *La Conjuration des imbéciles* de John Kennedy Toole. Elle regorge d'objets consacrés à La Nouvelle-Orléans : livres de photos, affiches et œuvres d'artistes locaux. (504-304-7928 ; www.ijreillys.squarespace.com ; 632 Elysian Fields Ave ; 10h-17h mer-lun)

Louisiana Music Factory

MUSIQUE

22 Plan p. 48, A4

C'est ici que vous dénicherez tous les meilleurs morceaux de la musique de La Nouvelle-Orléans et de la Louisiane. Outre un choix exceptionnel de musique locale (et un personnel qui se fera un plaisir d'en discuter avec vous), ce magasin organise fréquemment des concerts. (504-586-1094 ; www.louisianamusicfactory.com ; 421 Frenchmen St ; 11h-20h dim-jeu, 22h ven-sam)

Euclid Records

MUSIQUE

23 Plan p. 48, D1

Euclid est le type de magasins de disques que l'on s'attend à voir à La Nouvelle-Orléans : vinyles introuvables, vieilles affiches de concert, personnel connaisseur et sympathique et liste de tous les concerts à venir. (504-947-4348 ; www.euclidnola.com ; 3301 Chartres St ; 11h-19h)

Faubourg Marigny Book Store

LIVRES

24 Plan p. 48, A2

Intello et plutôt délabrée, la plus ancienne librairie gay du sud des États-Unis propose les magazines locaux et recense toutes les manifestations néo-orléanaises, gays ou non. Vous la repérerez facilement à son drapeau arc-en-ciel. (504-947-3700 ; www.fabonfrenchmen.com ; 600 Frenchmen St ; 12h-22h)

Comprendre

Les *shotgun houses*

Vous remarquerez certainement ces maisons à la façade étroite et d'une longueur peu commune au fil des rues du Faubourg Marigny. Typiques du Sud bien que l'on en trouve également ailleurs aux États-Unis, les *shotgun houses* ("maisons-fusil") sont constituées de pièces en enfilade, sans couloir, et munies de deux portes d'entrée : l'une en façade, l'autre à l'arrière. En les ouvrant, on crée un courant d'air permettant de ventiler toute la maison – très utile lors des mois d'été, humides et chauds.

Ce nom étrange pourrait venir du fait que si l'on tire un coup de feu par la porte avant, la balle traverse la maison et ressort par celle de derrière sans rencontrer d'obstacle.

Bywater Bargain Center

ANTIQUITÉS

25 Plan p. 48, C3

Cet immense magasin recèle toutes sortes de trésors : objets trouvés, vieux encadrements de porte, objets artisanaux, animaux en plastique et autre bric-à-brac. Signalons une impressionnante collection d'objets artisanaux mexicains, dont de nombreux accessoires de la Día de los Muertos (jour des Morts). (504-948-0007 ; 3200 Dauphine St ; 11h-18h)

Explorer

Central Business District (CBD) et Warehouse District

Changement d'ambiance lorsqu'on traverse Canal St depuis le Vieux Carré : bâtiments de bureaux imposants et entrepôts côtoient gratte-ciel et immeubles d'habitation. Si ces deux quartiers ne sont pas les plus représentatifs de La Nouvelle-Orléans, ils comptent nombre de restaurants et de grands hôtels, ainsi que des salles de concerts, des galeries d'art et des musées parmi les plus intéressants de la ville.

L'essentiel en un jour

Prenez votre petit-déjeuner au **Ruby Slipper** (p. 69) avant de commencer la visite du **National WWII Museum** (p. 58), où l'on peut facilement passer une journée complète. Flânez ensuite dans le Warehouse District et allez au **Preservation Resource Center** (p. 66) pour vous documenter sur l'architecture de la ville.

Déjeunez au **Cochon** (p. 67) ou au **Cochon Butcher** (p. 68) pour un repas moins formel. Pour l'après-midi, vous avez le choix entre découvrir les œuvres d'artistes originaires du Sud de l'**Ogden Museum of Southern Art** (p. 60) ou parcourir l'admirable collection du **Contemporary Arts Center** (p. 66). Vous pourrez terminer par une dégustation d'huîtres chez **Lüke** (p. 68), qui propose tous les jours une *happy hour* de 15h à 18h.

Pour le dîner, réservez une table au **Peche Seafood Grill** (p. 66), l'un des meilleurs restaurants de fruits de mer du pays, ou au **Restaurant August** (p. 67), maître de la cuisine gastronomique néo-orléanaise. Vous pourrez ensuite terminer la soirée sur une note musicale au **Howlin' Wolf** (p. 71) ou au **Circle Bar** (p. 69).

Voyez p. 62 notre suggestion de promenade dans Arts District.

Les incontournables

National WWII Museum (p. 58)

Ogden Museum of Southern Art (p. 60)

100% Nola

Les galeries d'Arts District (p. 62)

Le meilleur du quartier

Se restaurer

Carmo (p. 69)

Restaurant August (p. 67)

Musées

National WWII Museum (p. 58)

Ogden Museum of Southern Art (p. 60)

Comment y aller

Taxi et navette Depuis l'aéroport, comptez 33 $ en taxi pour une ou deux personnes. Les navettes coûtent 20 $ par personne.

Train et bus Union Passenger Terminal (gares Amtrak et Greyhound) est situé dans Loyola Ave. La ligne de tramway Loyola-UPT relie la gare à Canal St.

Voiture Depuis l'aéroport, suivez l'I-10 puis la BUS 90 et sortez en direction de St Charles Ave. Voir p. 70 pour le stationnement.

Les incontournables
National WWII Museum

Ce musée offre un point de vue global sur la Seconde Guerre mondiale tout en proposant une analyse précise du conflit. Des photographies retracent le débarquement des Alliés, d'anciens soldats livrent des témoignages émouvants et les lieux de combat, comme les Ardennes, sont présentés de manière particulièrement réaliste. Des expositions, telles que celle consacrée au D-Day, contribuent à humaniser cette période de l'Histoire grâce aux souvenirs personnels et aux documents originaux qui sont rassemblés.

Plan p. 64, E5

504-528-1944

www.nationalww2museum.org

945 Magazine St

adulte/enfant/senior 23/14/20 $, 1/2 films en suppl. 5/10 $

9h-17h

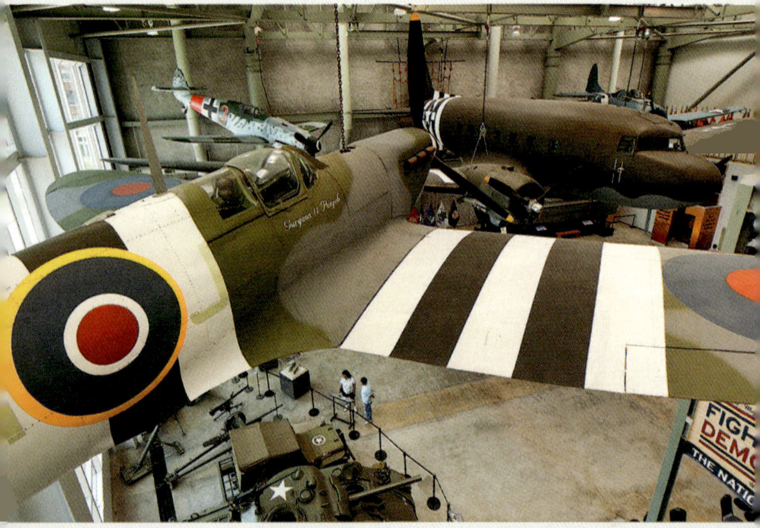

À ne pas manquer

Expositions temporaires

On peut personnaliser sa visite en prenant une plaque d'identification qui permet de suivre un soldat dans différentes expositions. Le pavillon Campaigns of Courage porte plus particulièrement sur les faits qui se sont déroulés en Europe et dans le Pacifique. Les expositions "Road to Berlin" (vers Berlin) et "Road to Tokyo" (vers Tokyo) retracent le déroulement des événements d'un point de vue américain.

Film en 4D

Projeté sur un écran géant, le film en 4D *Beyond All Boundaries* revient, avec force sensations, sur la participation américaine à la guerre. Les projections ont lieu tous les jours à l'heure pile de 10h à 16h, avec une séance supplémentaire à 17h le vendredi et le samedi. Prévoyez le temps nécessaire : le film dure 45 minutes, précédées d'une introduction de 7 minutes.

USS Tang

Final Mission: The USS Tang Experience place les spectateurs à bord du sous-marin USS *Tang* au cours de sa cinquième et dernière mission. Ce spectacle, qui se déroule de 9h35 à 16h35 tous les jours (jusqu'à 17h35 le vendredi et le dimanche), fait l'objet d'un billet séparé que l'on achète sur le site Internet du musée.

Stage Door Canteen

Cette salle, qui reprend le nom des clubs ouverts gratuitement aux militaires pendant la guerre, accueille régulièrement des spectacles musicaux s'inspirant des années 1940 et adaptant des musiques de l'époque, le boogie-woogie par exemple. Les billets s'achètent à l'avance, sur le site Internet du musée.

À savoir

- Le musée est vaste, prévoyez au minimum 2 heures 30 pour le visiter.
- Achetez vos billets à l'avance pour les spectacles de la Stage Door Canteen.
- Organisées les vendredis, les visites des coulisses (345/650 $ par personne/couple) permettent de découvrir les pièces conservées en réserve.

Une petite faim ?

Situé dans le musée, le bien nommé **American Sector** (www.nationalww2museum.org/american-sector ; plats déjeuner 10-14 $, dîner 14-28 $; 11h-21h) sert des plats américains.

Pour prendre un verre en écoutant de la musique, le Circle Bar (p. 69), non loin de Lee Circle, est un bon choix.

Les incontournables
Ogden Museum of Southern Art

À deux pas de la statue du général confédéré Robert E. Lee, l'Ogden Museum abrite une merveilleuse collection d'art du Sud. Il est à la fois beau, instructif et sans prétention. Réparties sur cinq étages, les salles renferment des paysages impressionnistes, des œuvres d'art populaire et des installations contemporaines. Il est affilié au Smithsonian Institute de Washington.

Plan p. 64, E5

504-539-9650

www.ogdenmuseum.org

925 Camp St

adulte/enfant 5-17 ans/ étudiant 10/5/8 $

10h-17h mer-lun, et 17h30-20h jeu

À ne pas manquer

Hall d'entrée

Avec son immense verrière, le Stephen Goldring Hall, point central du musée, accueille les visiteurs. Le bâtiment comprend des collections des XXe et XXIe siècles et la boutique du musée. Des escaliers "flottants" mènent aux différentes salles, où sont présentées collections permanentes et temporaires.

Collection permanente

Parmi nos pièces préférées de la collection permanente figurent des œuvres étonnantes d'artistes autodidactes, des paysages du Sud qui témoignent de la fascination des habitants de la région pour leur environnement et un très bel ensemble d'œuvres du XXe siècle.

Ogden After Hours

Le jeudi soir, ne manquez pas les Ogden After Hours. On visite alors le musée (sauf certaines salles) tout en assistant à des spectacles organisés dans le hall d'entrée. Souvent originaux et tranchant avec l'atmosphère feutrée à laquelle on s'attend dans un musée, ils donnent lieu parfois à des moments musicaux très dansants. Ils se déroulent de 18h à 20h et coûtent 6,25 $.

Boutique du musée

Nous vous conseillons de faire un tour à la boutique, qui foisonne de livres et de reproductions d'œuvres d'art du Sud. Un bon endroit pour dénicher un souvenir de La Nouvelle-Orléans véritablement local.

À savoir

- Montez au dernier étage, puis visitez les différentes salles en redescendant.
- Ne manquez pas les soirées du jeudi, pour découvrir le musée et profiter des concerts proposés tout en buvant un verre.
- Les expositions changent fréquemment. Consultez le site Internet du musée pour connaître celles en cours lors de votre visite.

Une petite faim ?

Le Herbsaint (p. 68) prépare une délicieuse cuisine louisianaise moderne, à deux blocs du musée.

À cinq minutes du musée, Cochon Butcher (p. 68) propose des sandwichs divins.

100% Nola
Les galeries d'Arts District

Le quartier des galeries de la ville (www.neworleansartsdistrict.com) est en perpétuel renouvellement. La plupart sont situées dans Julia St ; pour dénicher celles plus excentrées, reportez-vous à la carte des marchands d'art disponible dans toutes les galeries. Tous les premiers samedis du mois, à partir de 18h, les galeries ouvrent leurs portes pour parler d'art autour d'un verre lors des Arts Walks.

❶ Jean Bragg Gallery

Beignets, crevettes et autres plats louisianais : les natures mortes culinaires de la **Jean Bragg Gallery of Southern Art** (☎504-895-7375 ; www.jeanbragg.com ; 600 Julia St ; ⏲10h-17h lun-sam) vous mettront l'eau à la bouche. Cette sympathique galerie présente également des céramiques produites par l'atelier Newcomb Pottery (1895-1940) et vend des toiles, notamment des paysages, d'artistes locaux.

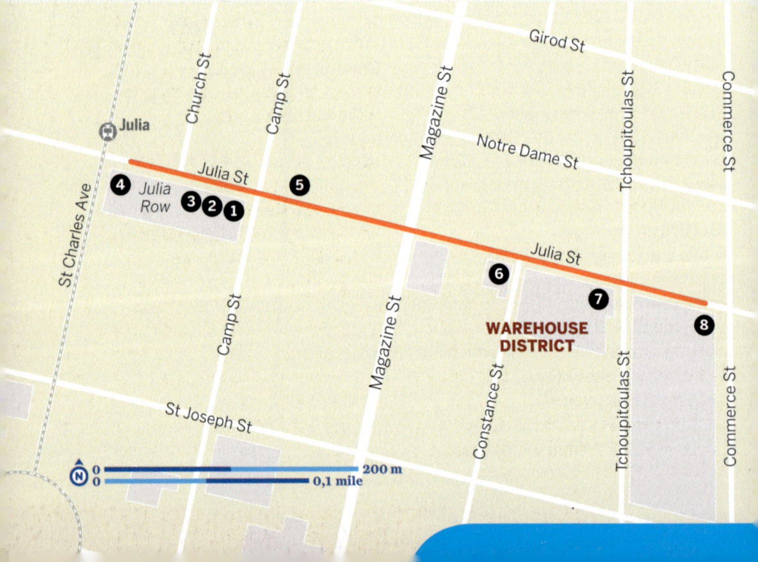

❷ REpurposing NOLA

REpurposingNOLA Piece by Peace (www.repurposingnola.com ; 604 Julia St ; ⏲11h-17h lun et jeu-sam) propose de beaux sacs, des vêtements ou encore des produits cosmétiques, tous conçus dans une optique de développement durable par la propriétaire, Traci L Claussen, ou des créateurs locaux.

❸ Alex Beard Studio

Alex Beard (www.alexbeardstudio.com ; 608 Julia St) expose des dessins étonnants et des peintures réalisés au cours de ses voyages. Puzzles, illustrations ou œuvres d'art, ses créations “réalistes abstraites” interpellent.

❹ George Schmidt Gallery

Néo-Orléanais et joueur de banjo au sein du New Leviathan Oriental Fox-Trot Orchestra, George Schmidt, le propriétaire de cette **galerie** (☎504-592-0206 ; www.georgeschmidt.com ; 626 Julia St ; ⏲12h30-16h30 mar-sam), se décrit lui-même comme un peintre “historique”. Ses toiles nimbées d'une chaude luminosité évoquent le passé de la ville. Voyez particulièrement celles autour de Mardi Gras.

❺ Ariodante

À la recherche d'une pièce originale créée par un artiste néo-orléanais ? Cette petite **galerie d'art et d'artisanat** (www.ariodantegallery.com ; 535 Julia St ; ⏲10h-17h lun-sam) contemporains, ouverte en 1990, foisonne de bijoux, d'objets en verre, de céramiques et d'œuvres d'artistes de la région.

❻ Arthur Roger Gallery

Cette **galerie** (☎504-522-1999 ; www.arthurrogergallery.com ; 432 Julia St ; ⏲10h-17h lun-sam), parmi les plus importantes du quartier, est réputée pour le soutien qu'elle apporte aux artistes régionaux. Les œuvres exposées sont fréquemment renouvelées. Vous pourrez notamment y découvrir – ou redécouvrir – le travail de Simon Gunning autour des marais de la Louisiane.

❼ Soren Christensen Gallery

La **Soren Christensen Gallery** (☎504-569-9501 ; www.sorengallery.com ; 400 Julia St ; ⏲10h-17h30 mar-ven, 11h-17h sam) présente les travaux de peintres, de photographes et de sculpteurs d'envergure nationale. Jetez notamment un coup d'œil aux sculptures : peu de galeries en exposent en ville.

❽ Lemieux Galleries

Réputées dans tout le pays, les **Lemieux Galleries** (☎504-522-5988 ; www.lemieuxgalleries.com ; 332 Julia St ; ⏲10h-18h lun-sam) mettent l'accent sur les travaux d'artistes originaires du golfe du Mexique – une bonne occasion de découvrir la diversité de la scène artistique de la région. On y découvre notamment les peintures réalistes de La Nouvelle-Orléans de Shirley Rabe Masinter ou les portraits de musiciens locaux de Jon Langford.

A
B
C
D
1
2
3
4
5
0 400 m
0 0,2 mile
Nos adresses
Les incontournables p. 58
Voir p. 66
Se restaurer p. 66
Prendre un verre p. 69
Sortir p. 71
Shopping p. 71
CENTRAL BUSINESS DISTRICT
CENTRAL CITY
Gravier St
S Liberty St
New Orleans Public Library
Tulane
Elk Pl
S Rampart St
Rampart St
University Pl
S Villere St
La Salle St
Perdido St
Sugar Bowl Dr
Poydras Ave
Poydras
O'Keefe St
Penn St
Mercedes-Benz Superdome
Hyatt Regency
Girod St
New Orleans Arena
Loyola Ave
Hyatt
S Rampart St
Lafayette St
Girod St
Baronne St
Carondelet St
Julia
Julia St
Union Passenger Terminal
Howard
Julia
90
Clio St
Julia St
Howard Ave
Erato St
Oretha Castle-Haley Blvd
Pontchartrain Expwy
Thalia St
Simon Bolivar St
S Saratoga St
Rampart St
Clio St
Erato St
Baronne St
Carondelet St
Lee Cir
Lee Circle
Martin Luther King Jr Blvd
12

E
F
G
H
1
2
3
4
5
VIEUX CARRÉ
WAREHOUSE DISTRICT
Iberville St
Bienville St
Bourbon St
Royal St
Exchange Pl
Chartres St
Baronne St
Bourbon St/ Carondelet St
Canal St
Chartres St/ Camp St
Decatur St
Clinton St
N Peters St
Clay St
N Front St
Bienville
Moonwalk
Woldenberg Park
Common St
Common St
Gravier St
Union St
Union St
Perdido St
Canal Place
Peters St
Magazine St
Tchoupitoulas St
S Peters St
Camp St
Natchez St
Poydras
Poydras St
Poydras St
Poydras
Canal St Wharf
Ferry pour Algiers Point
Canal
Casino Harrah's
World Trade Centre
Spanish Plaza
Mississippi
N Maestri
Lafayette Sq
S Maestri
US Courthouse
Capdeville St
Constance St
Piazza D'Italia
Lafayette St
Convention Center Blvd
St Charles Ave
Church St
Camp St
Magazine St
Girod St
Riverwalk Mall
Julia
Julia Row
Julia St
Notre Dame St
Constance St
Tchoupitoulas St
Commerce St
Fulton St
Ogden Museum of Southern Art
1 Contemporary Arts Center
National WWII Museum
St Joseph St
Andrew Higgins Dr
Preservation Resource Center 2
N Diamond St
Ernest N Morial Convention Center
3
4
5
6
7
8
9
10
11
13
14
15
16
17
18
19

Voir

Contemporary Arts Center
CENTRE ARTISTIQUE

1 Plan p. 64, E5

D'apparence modeste, le CAC abrite un hall ultramoderne et des salles spacieuses et aux plafonds hauts décorées de bois et de métal. Les expositions tournantes d'artistes locaux et internationaux et les différents événements proposés, tels que pièces de théâtres, spectacles de danses et concerts, méritent le détour. (CAC ; 504-528-3805 ; www.cacno.org ; 900 Camp St ; adulte/étudiant/enfant 10/8 $/gratuit ; 11h-17h mer-lun)

Preservation Resource Center
BÂTIMENT HISTORIQUE

2 Plan p. 64, F5

Si l'architecture de La Nouvelle-Orléans vous intéresse, n'hésitez pas à entrer au Preservation Resource Center, installé dans l'immeuble Leeds-Davis, qui date de 1853. Il fournit gratuitement des brochures de découverte à pied de pratiquement tous les quartiers et son personnel très accueillant vous renseignera sur de nombreux sujets. Consultez le site Internet pour en savoir plus sur les visites de *shotgun houses* (voir p. 55) en mars et le circuit très prisé Holiday Home, proposé en décembre. (504-581-7032 ; www.prcno.org ; 923 Tchoupitoulas St ; gratuit ; 9h-17h lun-ven)

Se restaurer

Peche Seafood Grill
FRUITS DE MER $

3 Plan p. 64, F4

Les avis sur cet établissement semblent partagés. Pour notre part, nous le recommandons sans hésiter ! Les fruits de mer, locaux, y sont préparés simplement, avec une petite touche d'originalité – sel, épices – qui fait toute la différence. Décoration sobre – pierres apparentes, poutres en bois – et atmosphère conviviale.

Comprendre

Andrew Higgins et le débarquement

On pourrait s'étonner de la présence ici d'un musée dédié à la Seconde Guerre mondiale – Washington, la capitale, semblerait plus indiquée. C'est compter sans la figure d'Andrew Higgins (1886-1952). Cet entrepreneur néo-orléanais est le créateur des barges de débarquement qui furent utilisées le Jour J, et qui jouèrent un rôle crucial dans la réussite de l'assaut. Inauguré en 2000, le musée mettait plus particulièrement l'accent sur le Débarquement – et s'appelait d'ailleurs National D-Day Museum. L'une des rues qui longe le musée porte désormais son nom.

PANORAMIC IMAGES/GETTY IMAGES ©

Aquarium of the Americas (p. 68)

(504-522-1744 ; www.pecherestaurant.com ; 800 Magazine St ; petites assiettes 9-14 $, plats 14-27 $; 11h-22h lun-jeu, 23h ven-sam)

Restaurant August

CRÉOLE **$$$**

4 Plan p. 64, F3

Appartenant au chef John Besh, le Restaurant August offre un cadre idéal pour un dîner romantique. Cet ancien entrepôt de tabac du XIXe siècle renferme la salle à manger la plus aristocratique de La Nouvelle-Orléans, aujourd'hui décorée de nuances chaudes et ponctuée de chandelles, tout en distillant une atmosphère à la fois intime et détendue. Les plats absolument délicieux garantissent une véritable expérience gastronomique. (504-299-9777 ; www.restaurantaugust.com ; 301 Tchoupitoulas St ; plats déj 23-36 $, dîner 33-42 $; 17h-22h tlj, 11h-14h ven et dim ;)

Cochon

CAJUN **$$**

5 Plan p. 64, F5

Brasserie très animée, le Cochon est régulièrement cité parmi les meilleurs restaurants de la ville. Le chef Donald Link y célèbre ses racines cajuns et fait la part belle au porc, avec notamment des joues accompagnées d'une sauce créole au fromage ou du boudin frit. La carte comprend aussi du lapin, de l'alligator et des huîtres. (504-588-2123 ; www.cochonrestaurant.com ; 930 Tchoupitoulas St ; petites assiettes 8-14 $, plats 19-26 $; 11h-22h lun-jeu, 23h ven-sam)

100% Nola

Aquarium of the Americas

Dépendant de l'Audubon Institute, l'**Aquarium of the Americas** (504-581-4629 ; www.auduboninstitute.org ; 1 Canal St ; adulte/enfant 24/18 $; 10h-17h mar-dim ;) voit évoluer les espèces de poissons qui vivent dans les eaux du Mississippi, du golfe du Mexique, de la mer des Caraïbes et des rivières lointaines d'Amazonie. Le Great Maya Reef conduit les visiteurs dans un tunnel de 9 m de long qui passe sous une ville maya immergée abritant des myriades de poissons exotiques multicolores.

Lüke

BISTROT $$$

6 Plan p. 64, E2

Conçu pour célébrer la cuisine de bistrot, cet autre établissement du chef John Besh propose dans une salle au plafond orné de carreaux de faïence une nouvelle version de la cuisine franco-louisianaise en s'inspirant notamment de plats alsaciens. Au menu : canard à la vanille et au miel de lavande, cassoulet aux haricots blancs et délicieuses viandes à l'allemande, comme les *Bockwurst*. (504-378-2840 ; www.lukeneworleans.com ; 333 St Charles Ave ; plats 16-31 $; 7h-23h)

Cochon Butcher

SANDWICHS $

7 Plan p. 64, F5

Située juste derrière le restaurant Cochon, cette boucherie récente se définit elle-même comme un "deli et bar à cochon". C'est notre endroit préféré dans la ville, voire dans toute la région, pour un sandwich. Entre la foule joyeuse qui s'y presse le midi, les sandwichs excellents et les délicieux cocktails, cet établissement du chef louisianais Donald Link concentre le meilleur de La Nouvelle-Orléans. (www.cochonbutcher.com ; 930 Tchoupitoulas St ; plats 10-12 $; 10h-22h lun-jeu, 23h ven-sam, 16h dim)

Herbsaint

LOUISIANAIS MODERNE $$

8 Plan p. 64, E4

Le gumbo au canard et l'andouille de l'Herbsaint pourraient bien compter parmi les meilleurs de la ville. Les autres plats, principalement de la cuisine de bistrot avec la touche louisianaise apportée par le chef Donald Link, ne déméritent pas pour autant. Le poisson-chat est accompagné de riz vert et de piments, les crevettes et le *grits* (porridge de maïs) sont servis avec du chou au *tasso* (morceau de viande fumée cajun). (504-524-4114 ; www.herbsaint.com ; 701 St Charles Ave ; plats déj 14-20 $, dîner 27-30 $; 11h30-22h lun-ven, à partir de 17h30 sam)

Domenica

ITALIEN $$

9 Plan p. 64, E1

Avec ses grandes tables en bois, son éclairage blanc et ses hauts plafonds, le Domenica ressemble à une trattoria de village endimanchée. Très recommandable – et souvent recommandé –, il propose des pizzas copieusement garnies d'ingrédients variés et pas nécessairement traditionnels (clams, prosciutto, porc fumé...) qui rassasieront les affamés. Bonne nouvelle pour ceux qui déjeunent tard : toutes les pizzas sont à moitié prix de 14h à 17h. (☎504-648-6020 ; domenicarestaurant.com ; 123 Baronne St ; plats 13-30 $; ⏰11h-23h ; 🍷)

Carmo
CUISINE SAINE, SANDWICHS **$**

10 🍴 Plan p. 64, E4

Ce café sans prétention propose salades, sandwichs, préparations de poisson cru et plats végétariens et végétaliens, l'idéal pour changer de la (riche) cuisine du Sud. Le Rico, l'un de ses plats les plus demandés, est un "sandwich sans pain" au porc effiloché, servi avec de la salade, du fromage, de l'avocat et une sauce épicée (option végétalienne également). Nombreux jus de fruits. Passez commande au comptoir. (☎504-875-4132 ; www.cafecarmo.com ; 527 Julia St ; plats déjeuner 9-12 $, dîner 9-15 $; ⏰11h-15h lun, 22h mar-mer, 23h jeu-dim ; 🍷)

Ruby Slipper – Downtown
PETIT-DÉJEUNER **$**

11 🍴 Plan p. 64, F2

Cette chaîne locale qui se développe rapidement s'est spécialisée dans les petits-déjeuners sudistes revisités. Que diriez-vous d'un poulet frit sur un *biscuit* accompagné d'œufs pochés avec une sauce au tasso ? Il accueille dès l'ouverture clients solitaires, familles au grand complet, collégiens, hommes d'affaires, bref, toute une foule pressée d'attaquer la journée. (www.therubyslippercafe.net ; 200 Magazine St ; plats 8-14 $; ⏰7h-14h lun-ven, 8h-14h sam, 8h-15h dim)

Prendre un verre

Circle Bar
BAR

12 🍷 Plan p. 64, D5

Pour vous représenter ce bar étonnant, imaginez une demeure victorienne décadente. Des concerts de qualité inégale, rock, folk, indé, sont organisés dans la salle centrale, dans laquelle la cheminée contribue à l'atmosphère chaleureuse de ce lieu fabuleux. Il se trouve sur Lee Circle, en face de la statue du général Lee. (☎504-588-2616 ; 1032 St Charles Ave ; ⏰16h-tard, concerts 22h)

100% Nola

Mardi Gras World

Le **Mardi Gras World** (☎504-361-7821 ; www.mardigrasworld.com ; 1380 Port of New Orleans Pl ; adulte/enfant 2-11 ans 20/13 $; ⏰visites 9h30-16h30 ; 👪) accumule les masques, costumes, chars et dragons. Les entrepôts de Blaine Kern (M. Mardi Gras) et de sa famille, qui préparent les défilés de Mardi Gras depuis 1947, valent vraiment le détour. La visite dure de 30 à 45 minutes.

Bellocq

BAR À COCKTAILS

13 Plan p. 64, E5

Bougies blanches, luxueux fauteuils victoriens, atmosphère intime, tons pourpres et noirs, le Bellocq ressemble à un boudoir prêt à recevoir une élégante congrégation de vampires. Baptisé du nom d'un photographe qui documenta la "vie" dans les quartiers chauds de la ville, ce bar rend aujourd'hui hommage à l'art du cocktail avec des *cobblers* et autres mixtures venues du XIXe siècle. (www.thehotelmodern.com/bellocq ; 936 St Charles Ave ; 17h-minuit lun-jeu, 16h-2h ven-sam, 22h dim)

Capdeville

BAR

14 Plan p. 64, F4

Sis dans une petite rue quelconque donnant sur Lafayette Sq, ce pub élégant cultive ses racines rétro – voyez notamment le juke-box et les pochettes des disques. Vous pourrez y savourer un whisky ou une Guinness après avoir fait le tour des galeries de Julia St. (www.capdevillenola.com ; 520 Capdeville St ; 11h-14h30 et 17h-23h lun-jeu, 11h-minuit ven-sam)

Rusty Nail

BAR

15 Plan p. 64, F5

Ce petit bar ne paie pas de mine, coincé entre le pont de la BUS 90, un parking et des immeubles industriels réaménagés en lofts. Et c'est justement ce qui fait son charme. Entrez boire une bière ou un scotch (grand choix) et vous découvrirez, sur l'arrière, une sympathique terrasse arborée, très agréable en soirée. (504-525-5515 ; www.therustynail.biz ; 1100 Constance St ; 16h-1h lun-jeu, 14h-3h ven, 12h-3h sam, 12h-1h dim)

Lucy's Retired Surfers Bar

BAR

16 Plan p. 64, F4

Vous verrez toujours quelqu'un attablé à la terrasse du Lucy's. Fréquenté surtout par de jeunes trentenaires, il convient bien pour débuter la soirée.

À savoir

Se garer dans le CBD

Les places gratuites sont chères dans le quartier... Sur les autres emplacements, le stationnement est généralement payant de 8h à 18h du lundi au samedi. Les bornes acceptant pièces et cartes de crédit sont fréquentes, mais vous trouverez encore de nombreux parcmètres fonctionnant uniquement à pièces. Si vous stationnez sur l'une de ces places et que vous êtes à court de monnaie, vous pouvez toujours payer à une borne avec votre carte de crédit. Placez ensuite le ticket en évidence derrière votre pare-brise.

Autre option : se garer gratuitement dans les rues du Lower Garden District, juste de l'autre côté de la BUS 90, et revenir dans le quartier à pied.

Heures de fermeture variables. (☎504-523-8995 ; www.lucysretiredsurfers.com ; 701 Tchoupitoulas St ; ⌚11h-tard lun-ven, 10h-tard sam-dim)

Sortir

Howlin' Wolf

MUSIQUE LIVE

17 ☆ Plan p. 64, G5

L'un des meilleurs endroits de la ville pour écouter du blues, du rock alternatif et du jazz, le Howlin' Wolf est régulièrement bondé. Accueillant initialement surtout des groupes locaux, il est peu à peu devenu un point de passage incontournable pour des pointures comme Hank Williams III et Alison Krauss. Théâtre les mardi et jeudi. (☎504-522-9653 ; www.thehowlinwolf.com ; 907 S Peters St ; participation libre-35 $; ⌚horaires variables)

Republic New Orleans

MUSIQUE LIVE

18 ☆ Plan p. 64, G5

Le Republic programme d'excellents musiciens, comme George Clinton ou d'autres grands noms du funk ou du blues, mais il est aussi très apprécié des jeunes qui viennent s'encanailler. Vous avez donc toutes les chances d'assister à un bon concert dans une ambiance particulièrement bruyante. La plupart des concerts commencent à 22h. (☎504-528-8282 ; www.republicnola.com ; 828 S Peters St ; participation 10-50 $; ⌚horaires variables)

Saxophoniste

Shopping

Meyer the Hatter

ACCESSOIRES

19 🔒 Plan p. 64, E2

À quelques pas de Canal St, cette boutique propose un assortiment exceptionnel de chapeaux. Biltmore, Dobbs et Stetson ne constituent qu'une infime partie des marques et des modèles disponibles, qui suivent les saisons (feutres en fourrure l'hiver et chapeaux de paille l'été). Le choix des modèles pour femmes nous a toutefois semblé assez limité lors de notre passage. (☎504-525-1048 ; www.meyerthehatter.com ; 120 St Charles Ave ; ⌚10h-17h45 lun-sam)

Explorer

Garden District et Lower Garden District

Très différentes des maisons de ville des créoles et des Français du Vieux Carré ou du Faubourg Marigny, les belles demeures des Américains qui s'établirent ici après la vente de la Louisiane donnent le ton au quartier, qui mêle étudiants et bourgeoisie locale. Les longs boulevards, bordés de chênes centenaires, comptent de bons restaurants et magasins, notamment aux abords de Magazine St.

L'essentiel en un jour

Commencez la journée au **Surrey's** (p. 81), l'une de nos adresses préférées au petit-déjeuner. Puis mettez le cap sur Central City et parcourez Oretha Castle-Haley Blvd, un secteur en plein renouveau urbain. En revenant vers le Lower Garden District, arrêtez-vous éventuellement au **McKenna Museum of African American Art** (p. 80).

Retournez vers Magazine St et déjeunez d'un savoureux sandwich au **Stein's** (p. 82). Flânez alentour et faites une incursion dans l'**Irish Channel** (p. 80), où il convient de boire une Guinness au **Parasol's** (p. 83). Cette partie de la ville est vraiment charmante, notamment St Charles Ave. Après avoir parcouru cette portion verdoyante, prenez Washington Ave en direction de Magazine St et explorez le **Lafayette Cemetery No 1** (p. 74).

Dînez au **Coquette** (p. 82) et achevez votre journée dans Magazine St. La plus agréable artère commerçante de la ville s'anime le soir venu, une population jeune allant et venant entre les nombreux bars, cafés et restaurants. Sirotez une bière dans la cour extérieure du **Bulldog** (p. 77).

Pour un moment de shopping 100% Nola dans Magazine St, reportez-vous p. 76.

Les incontournables

Lafayette Cemetery No 1 (p. 74)

100% Nola

Virée shopping dans Magazine Street (p. 76)

Le meilleur du quartier

Restaurants

Surrey's Juice Bar (p. 81)

Stein's Deli (p. 82)

Bars et discothèques

Avenue Pub (p. 84)

Architecture

Irish Channel (p. 80)

Shopping

Funky Monkey (p. 84)

Comment y aller

Bus Le n°11 parcourt Magazine St entre Canal St et Audubon Park.

Tramway Le *streetcar* de St Charles Ave traverse le CBD, le Garden District et Uptown.

Voiture Il est simple de se garer gratuitement dans ce quartier qui s'étend au sud de la BUS 90.

Les incontournables

Lafayette Cemetery No 1

Fondé en 1833 par la ville de Lafayette – depuis intégrée à La Nouvelle-Orléans –, ce petit bastion d'histoire est empreint d'une ambiance gothique avec ses tombes surélevées décrépites. Plus modeste que les rues alentour le suggèrent, il compte de nombreuses tombes d'immigrés allemands et irlandais : le quartier n'était alors pas aussi riche qu'aujourd'hui et les familles aisées préféraient le prestigieux Metairie Cemetery, inauguré en 1872 à Mid-City. Quelques décennies après son inauguration, le cimetière affichait déjà complet – la faute à une épidémie de fièvre jaune en 1852.

Plan p. 78, C4

Washington Ave, à hauteur de Prytania St

Accès libre

7h-14h30 lun-ven, 7h-12h sam

Pierre tombale, Lafayette Cemetery No 1

À ne pas manquer

Tombes communes et familiales

Vous verrez quelques tombes communes de brigades de pompiers, comme celle de la Jefferson Fire Company No 22 (1852), qui prenaient en charge les obsèques de ses membres et de leur famille. Certaines tombes de familles aisées furent construites en marbre, avec des détails sophistiqués, mais la plupart des structures sont en brique revêtue de plâtre, meilleur marché.

Immigration et épidémies

Nombre des citoyens qui s'établirent dans ce secteur au début du XIXe siècle étaient originaires d'outre-mer. Les nombreux patronymes allemands et irlandais sur les stèles témoignent des ravages occasionnés chez les immigrants par la fièvre jaune. Non loin de l'entrée, une tombe abrite les dépouilles d'une famille entièrement décimée par ce fléau.

Murs-caveaux

Des murs-caveaux entouraient jadis le cimetière. Aujourd'hui, on n'en trouve plus que dans Washington Ave. Les familles devaient attendre un an et un jour pour enterrer leurs défunts dans le tombeau familial – une durée qui se trouva raccourcie lors des épidémies. Les murs-caveaux avaient alors la fonction macabre de "salle d'attente". Au final, ils se muèrent en tombeaux familiaux.

Tombes remarquables

Certaines tombes ont une histoire passionnante (incomplète pour certaines). Notez les huit femmes recensées comme des "épouses" (de profession), ou ce membre de la légion étrangère. Par ailleurs, ne manquez pas, dans l'angle sud du cimetière, "le Quarto", quatre tombes identiques d'amis qui voulaient être enterrés ensemble.

À savoir

- Consultez www.saveourcemeteries.org et www.lafayettecemetery.org pour plus d'informations sur le cimetière.
- La New Orleans Public Library (www.nutrias.org) permet d'accéder aux registres d'inhumation entre 1836 et 1968.
- www.lafayettecemetery1.com dispose d'une base de données, avec des clichés de chaque tombe.
- En juillet 1995, pour saluer la sortie de l'un de ses romans, l'auteur Anne Rice organisa son propre enterrement dans le cimetière.

Une petite faim ?

Non loin du cimetière, le Commander's Palace (p. 82) est une institution.

Si vous estimez que le Commander's est trop fréquenté ou trop cher, testez le Coquette, avec sa cuisine du Sud maligne et moderne (p. 82).

100% Nola
Virée shopping dans Magazine Street

À La Nouvelle-Orléans, l'amateur de shopping pur et dur trouvera difficilement mieux que Magazine St. Jalonnée de nombreuses boutiques proposant objets anciens, œuvres d'art, artisanat, mobilier, bijoux, vêtements de créateurs et autres fripes rétro, cette rue s'étend sur près de 10 km à travers le Lower Garden District et le Garden District, et jusque dans Uptown.

1 Jim Russell Records

Le **Jim Russell Records** (☎504-522-2602 ; 1837 Magazine St ; ⏲12h-16h30 lun-sam) est un vaste magasin spécialisé dans les 45-tours d'occasion, avec de véritables pièces de collection déclinant toutes les grandes vedettes du blues, du R'n'B et de la soul. Malgré le reflux des vinyles face aux CD et la disparition de Russell (l'ancien DJ et impresario qui a ouvert la boutique en 1968) en 2014, le magasin poursuit sa mission.

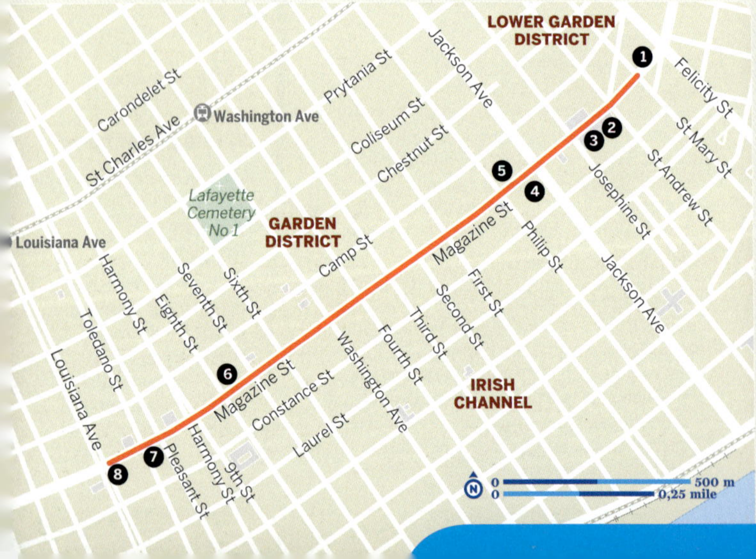

❷ Aidan Gill

Chez cet excellent **coiffeur-barbier** (504-587-9090 ; www.aidangillformen.com ; 2026 Magazine St ; 10h-18h lun-ven, 9h-17h sam, 12h-18h dim), on ne lésine pas sur les moyens (40 $ la coupe et 40 $ la barbe !) pour obtenir un résultat propre et élégant. Divers articles et produits de rasage haut de gamme sont en vente.

❸ Bijouterie GoGo

Le patrimoine écologique et maritime de son île natale – Cumberland Island, la plus méridionale des îles-barrières de Géorgie – nourrit nombre des créations de Janet "Gogo" Ferguson. Les bagues, colliers et bracelets élégants vendus dans sa **boutique** (www.ilovegogojewelry.com ; 2036 Magazine St ; 11h-17h lun-sam) sont assortis d'une touche d'originalité.

❹ Simon of New Orleans

Simon Hardeveld s'est fait une réputation en réalisant des écriteaux peints pour nombre de restaurants de La Nouvelle-Orléans. Vous reconnaîtrez certainement son style coloré : étoiles et points sont des figures récurrentes. Vous trouverez son travail dans la boutique qu'il tient avec sa femme Marie, **Antiques on Jackson** (504-524-8201 ; 1028 Jackson Ave ; 10h-17h lun-sam).

❺ District: Donuts Sliders Brew

Le matin, des beignets succulents s'alignent sur le comptoir du **District** (www.donutsandsliders.com ; 2209 Magazine St ; beignets et pâtisseries moins de 6 $, burgers 4-6 $; 7h-21h). Après 11h, ils sont remplacés par des burgers originaux, dont les dimensions modestes permettent heureusement d'atténuer le sentiment de culpabilité. À noter que "Brew" fait ici référence au café, pas à la bière.

❻ Storyville

Storyville (www.storyvilleapparel.com ; 3029 Magazine St ; 10h-20h) vend des T-shirts originaux, arborant slogans ou visuels en rapport avec la ville ou la Louisiane : de bons souvenirs à rapporter chez soi.

❼ Bulldog

Avec quelque 40 bières à la pression, plus une centaine en bouteille ou en canette – provenant de Louisiane, du Mexique ou encore d'Italie –, le **Bulldog** (www.draftfreak.com ; 3236 Magazine St ; 11h30-2h lun-ven, 11h-2h sam-dim) ne ménage pas ses efforts pour satisfaire les amateurs de houblon. La cour est le meilleur endroit pour siroter une pinte quand il fait bon.

❽ New Orleans Music Exchange

Le vaste **New Orleans Music Exchange** (504-891-7670 ; neworleansmusicexchange.squarespace.com ; 3342 Magazine St ; 10h30-18h lun-sam, 13h-17h dim) est spécialisé dans les instruments d'occasion : cuivres, guitares, bois, amplis, percussions et batteries... L'endroit rêvé pour dénicher une pièce rare ou un instrument à prix modéré.

A
B
C
D
1
2
3
4
5
0 500 m
0 0,25 mile
Nos adresses
Les incontournables p. 74
Voir p. 80
Se restaurer p. 81
Prendre un verre p. 84
Sortir p. 84
Shopping p. 84
S Liberty St
Felicity St
Oretha Castle-Haley Blvd
Simon Bolivar St
9
16
3 Ashé Cultural Arts Center
S Saratoga St
Danneel St
Jackson Ave
Baronne St
2 McKenna Museum of African American Art
Lasalle St
S Liberty St
Loyola St
Lafayette Cemetery No 2
Saratoga St
Danneel St
Second St
First St
Philip St
Brainard St
Washington Ave
Dryades St
Jackson Ave
Baronne St
Sixth St
Seventh St
Harmony St
Carondelet St
Louisiana Ave
Danneel St
Toledano St
Dryades St
Louisiana Ave
Washington Ave
First St
Second St
Third St
Fourth St
Eighth St
St Charles Ave
Conery St
5
Lafayette Cemetery No 1
Harmony St
Louisiana
GARDEN DISTRICT
Seventh St
Eighth St
Sixth St
Prytania St
Delachaise St
Foucher St
Antonine St
8
Camp St
6
1 Irish Channel
Coliseum St
18
Magazine St
17
Pleasant St
Toledano St
Aline St
Harmony St
9th St
Constance St
12
Laurel St
Chestnut St

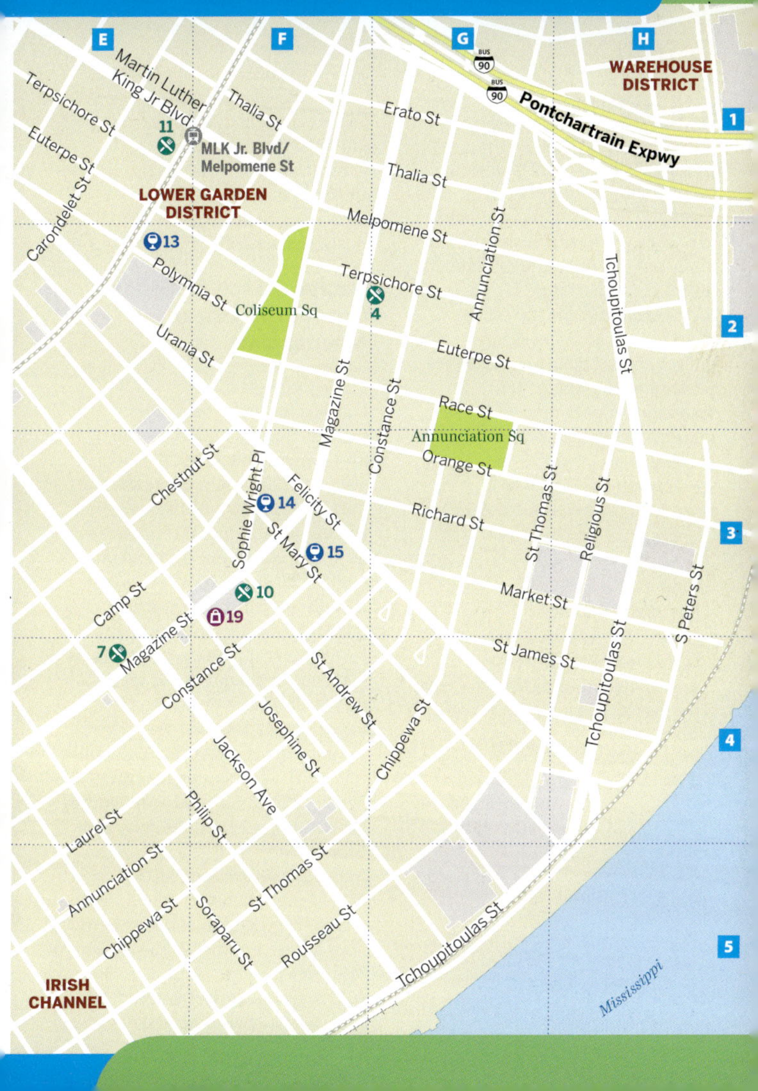
E
F
G
H
1
2
3
4
5
WAREHOUSE DISTRICT
LOWER GARDEN DISTRICT
IRISH CHANNEL
Pontchartrain Expwy
BUS 90
BUS 90
Martin Luther King Jr Blvd
MLK Jr. Blvd/ Melpomene St
Terpsichore St
Euterpe St
Carondelet St
Thalia St
Erato St
Thalia St
Melpomene St
Terpsichore St
Euterpe St
Race St
Orange St
Richard St
Market St
St James St
Annunciation St
Tchoupitoulas St
Polymnia St
Coliseum Sq
Urania St
Magazine St
Constance St
Annunciation Sq
St Thomas St
Religious St
S Peters St
Chestnut St
Sophie Wright Pl
Felicity St
St Mary St
Camp St
Magazine St
Constance St
St Andrew St
Josephine St
Chippewa St
Jackson Ave
Philip St
Laurel St
Annunciation St
Chippewa St
Soraparu St
St Thomas St
Rousseau St
Tchoupitoulas St
Mississippi
11
13
4
14
15
10
19
7

Voir

Irish Channel
QUARTIER

1 Plan p. 78, D5

Le nom de ce quartier historique est quelque peu inapproprié. En effet, l'Irish Channel, qui borde le Garden District, a beau avoir été fondé par des immigrants irlandais fuyant la famine dans les années 1840, il est surtout peuplé de résidents allemands et afro-américains qui cohabitent dans une ambiance parfaitement cosmopolite. Toujours composé de petites maisons ouvrières – dont de nombreuses *shotgun houses* (voir encadré p. 55) –, l'Irish Channel n'invite pas forcément à se promener seul le soir mais reste globalement plaisant. Le jour de la Saint-Patrick, une grande fête de quartier bat son plein dans Constance St, devant Parasol's (voir p. 83). (de Magazine St jusqu'au fleuve, entre Delachaise St à l'ouest et Jackson Ave à l'est)

100% Nola

House of Broel

Construite dans les années 1850, la **House of Broel** (504-522-2220 ; www.houseofbroel.com ; 2220 St Charles Ave ; adulte/-12 ans 10/5 $; visites 11h-15h lun-ven) donne l'occasion de pénétrer dans l'une des belles demeures du Garden District. Outre les beaux intérieurs et son impressionnante salle de banquet, vous pourrez voir également les pièces d'antiquités accumulées par la propriétaire, ainsi que de nombreuses maisons de poupées, à l'étage. Les visites (guidées) se font sur réservation uniquement ; téléphonez.

George & Leah McKenna Museum of African American Art
MUSÉE

2 Plan p. 78, D2

Même si les œuvres exposées dans ce musée sur deux niveaux proviennent de toute la diaspora africaine, elles sont pour l'essentiel dues à des artistes de La Nouvelle-Orléans. Ce patrimoine fait partie de la collection amassée pendant quelque 30 années par le docteur Dwight McKenna, chirurgien passionné de culture afro-américaine et fondateur du musée. Parmi les pièces phares figurent des images du Mardi Gras et de la scène musicale locale. Des expositions temporaires, comme "Queens Rule!" (2014), qui célèbre les reines indiennes du Mardi Gras, ou "The 10-Year Journey: Reflections of Family, Identity and New Orleans" (2015), sur l'ouragan Katrina et ses conséquences, sont également organisées. Pour accéder à la riche programmation, reportez-vous au site Internet. (504-586-7432 ; www.themckennamuseum.com ; 2003 Carondelet St ; tarif plein/étudiant

Demeure du, Garden District

et senior/enfant 7/5/3 $, gratuit -5 ans ; 11h-16h jeu-sam, sur RDV mar et mer)

Ashé Cultural Arts Center

CENTRE D'ART

3 Plan p. 78, D1

Bastion de la communauté afro-américaine locale, l'Ashé (un mot yoruba qu'on pourrait traduire par “Amen”) programme régulièrement spectacles, expositions, projections de films et conférences, essentiellement axées sur la culture africaine, afro-américaine ou caribéenne. Consultez la programmation sur le site Internet. Sur place, la **Diaspora Boutique** (10h-18h lun-sam) vaut une halte pour ses vêtements, ses boucles d'oreille et ses créations artisanales. (504-569-9070 ; www.ashecac.org ; 1712 Oretha Castle-Haley Blvd)

Se restaurer

Surrey's Juice Bar

AMÉRICAIN $

4 Plan p. 78, G2

Un simple sandwich bacon-œuf et vous aurez l'impression (gustative et visuelle) de n'avoir jamais savouré meilleur petit-déjeuner – ce qui n'est pas forcément faux d'ailleurs. Au menu : des *biscuits* (sorte de petits pains) à la saucisse, des œufs brouillés avec du saumon, des *biscuits* nappés de sauce, ou encore un plat composé de crevettes, de gruau de maïs et de bacon. Quant aux jus de fruits, ils sont divinement frais. Espèces uniquement. (504-524-3828 ; 1418 Magazine St ; plats 6-13 $; 8h-15h)

Commander's Palace

CRÉOLE **$$$**

5 Plan p. 78, C4

Cet établissement élégant sait recevoir avec ses nappes blanches, ses plats somptueux et son hospitalité toute sudiste. Le menu met à l'honneur une cuisine créole revisitée : huîtres frites servies avec une fondue au brie/chou-fleur, crevettes et gruau de maïs accompagnés de chèvre et de champignons rôtis... Le code vestimentaire (pas de shorts ni de T-shirts ; il est souhaitable de prévoir une veste pour le dîner) ajoute encore au charme de l'endroit. Une adresse très agréable, récompensée fréquemment par de nombreux prix. (504-899-8221 ; www.commanderspalace.com ; 1403 Washington Ave ; plats dîner 28-45 $; 18h30-22h30 tlj, 11h30-14h lun-ven, 11h30-13h sam, 10h30-13h30 dim)

100% Nola

Southern Food & Beverage Museum

Ce **musée** (504-569-0405 ; www.southernfood.org ; 1504 Oretha Castle-Haley Blvd ; adulte/-12 ans 10 $/gratuit ; 11h-17h30 jeu-lun) met à l'honneur la cuisine et les cocktails du Sud avec une collection provenant de tous les anciens États confédérés. Très complet, le Museum of the American Cocktail expose entre autres de vieilles bouteilles de liqueur, ainsi que des instruments servant à composer des cocktails. Dans le musée, la Galerie Absinthe est dédiée à la fée verte. Consultez le site Internet pour plus de détails sur les cours de cuisine.

Coquette

FRANÇAIS MODERNE, LOUISIANAIS **$$**

6 Plan p. 78, D5

Le Coquette conjugue une ambiance de bar à vins avec un service chaleureux et quelques nappes blanches. Le résultat ? Un établissement aux lumières tamisées, très agréable pour prendre un verre (ou plus). Pour autant, ne vous arrêtez pas à la belle carte des vins – l'endroit sert une excellente cuisine louisianaise, souvent rehaussée d'une touche internationale inventive. Citons notamment la bisque de langoustine accompagnée d'une crème à base d'huîtres et de truffes, ou le succulent vivaneau rouge servi avec un bouillon au jarret de porc. (504-265-0421 ; www.coquettenola.com ; 2800 Magazine St ; petites assiettes déj 11-22 $, dîner 12-24 $, plats déj 16-23 $, dîner 24-32 $; 11h30-14h30 ven-sam, 10h30-14h dim, 17h30-22h tlj)

Stein's Deli

ÉPICERIE FINE, SANDWICHS **$**

7 Plan p. 78, E4

L'accueil est parfois un peu expéditif, mais cela fait partie du style de l'endroit. Pour se procurer des sandwichs, du fromage et de la charcuterie de qualité, on trouve difficilement mieux en ville. Dan Stein, le propriétaire de cette épicerie fine, ne jure que par les produits italiens ou juifs de haut vol, sans oublier quelques excellentes bières artisanales. (☎504-527-0771 ; www.steinsdeli.net ; 2207 Magazine St ; sandwichs 7-13 $; ⏲7h-19h mar-ven, 9h-17h sam-dim)

Parasol's

SANDWICHS $

8 Plan p. 78, D4

Le Parasol's symbolise l'Irish Channel à lui tout seul, où il sert de bastion local, de relais de commérages et, naturellement, de point d'abreuvement. Car c'est avant tout un bar, même si l'on peut aussi commander l'un des meilleurs *po'boys* de la ville depuis la salle du fond, un bon gros condensé juteux de rôti de bœuf et de saveurs. (☎504-302-1533 ; 2533 Constance St ; po'boys 7-16 $; ⏲11h-21h dim-jeu, 11h-22h ven-sam)

Café Reconcile

DINER $

9 Plan p. 78, D1

Le Café Reconcile défend la bonne cause en formant des jeunes en difficulté pour travailler en cuisine et en salle. La nourriture y est simple et, très honnêtement, excellente. La carte s'inspire essentiellement de l'humble tradition culinaire de La Nouvelle-Orléans : haricots rouges et riz, poulet frit, crevettes à la mode créole, avec un accent mis sur les plats du jour. (☎504-568-1157 ; www.reconcileneworleans.org ; 1631 Oretha Castle-Haley Blvd ; plats 9-15 $; ⏲11h-14h30 lun-ven)

Juan's Flying Burrito

MEXICAIN $

10 Plan p. 78, F3

Mais d'où sortent donc tous ces hipsters en jean slim avec une tortilla à la main ? De chez Juan's, bien sûr. Si la cuisine y est d'une authenticité mexicaine plus que discutable, elle n'est pas mauvaise pour autant. Au contraire, les (épais) *burritos* sont excellents, les Margaritas sont délicieuses et les *quesadillas* sont servies avec du bœuf haché, du bacon et du bleu – rien que ça. (☎504-569-0000 ; www.juansflyingburrito.com ; 2018 Magazine St ; plats 5-14 $; ⏲11h-22h dim-jeu, 11h-23h ven-sam)

Slice

PIZZA $

11 Plan p. 78, E1

Le genre d'endroit où vous reviendrez encore et encore si vous restez quelques jours dans le Lower Garden District. Ses atouts ? Un personnel très sympathique, une *happy hour* qui dure de 14h à 18h et des pizzas du tonnerre (à partir de 3 $ la part), avec des garnitures classiques ou plus originales et des pâtes fines. Au menu figurent également *po'boys*, pâtes et salades. (☎504-525-7437 ; www.slicepizzeria.com ; 1513 St Charles Ave ; plats 8-13 $, pizzas 13-22 $; ⏲11h-23h lun-sam, 11h-22h dim)

Prendre un verre

NOLA Brewing

BRASSERIE

12 Plan p. 78, D5

Créée en 2008, cette brasserie se visite gratuitement chaque vendredi et chaque samedi à 14h. Le reste du temps, 16 bières pression maison vous attendent dans la salle de dégustation. (504-301-1117 ; www.nolabrewing.com ; 3001 Tchoupitoulas St ; 14h-23h lun-jeu, 13h-23h ven, 11h-23h30 sam-dim)

Avenue Pub

PUB

13 Plan p. 78, E2

De la rue, ce pub a tout du bar de quartier lambda. Pourtant, avec ses 40 bières à la pression et ses 135 variétés en bouteille, sans oublier un personnel très versé en la matière, ce bar à bières sur deux niveaux possède une solide réputation. La carte des bourbons est tout aussi impressionnante. À l'étage, le patio est parfait pour observer les passants. (www.theavenuepub.com ; 1732 St Charles Ave ; 24h/24)

Half Moon

BAR

14 Plan p. 78, B5

Non loin de Magazine St, ce bar à l'ambiance décontractée est l'endroit parfait pour prendre une bière, dîner sur le pouce ou refaire le monde. Guettez l'enseigne à l'extérieur, tout en néon. (504-522-7313 ; www.halfmoongrillnola.com ; 1125 St Mary St ; 17h-2h)

Saint Bar & Lounge

BAR

15 Plan p. 78, F3

Un saint, vraiment ? Imaginez plutôt un bar-club à l'ambiance formidable, peuplé de jeunes cadres tatoués et d'étudiants de Tulane University, servant d'excellents shots et de bonnes bières, et assorti d'un Photomaton où vous ne manquerez pas d'atterrir avant la fin de la soirée. Ce bar n'est pas le plus propre qui soit (on le surnomme "*the Taint*" – la tache), mais on ne s'y ennuie guère. (504-523-0500 ; www.thesaintneworleans.com ; 961 St Mary St ; 19h-tard)

Sortir

Zeitgeist

CINÉMA

16 Plan p. 78, D1

Ce vieux cinéma créé dans les années 1920 projette des productions indépendantes et des films d'art et d'essai. (504-352-1150 ; www.zeitgeistnola.org ; 1618 Oretha Castle-Haley Blvd ; tarif plein/réduit 8/7 $)

Shopping

Funky Monkey

VINTAGE

17 Plan p. 78, C5

Vous trouverez des perruques de toutes les couleurs au Funky Monkey, spécialisé dans les vêtements vintage pour habitués des dance-floors. Cette charmante friperie est également conseillée pour les déguisements

Funky Monkey, Magazine St

de Mardi Gras. Toutefois, l'endroit est minuscule et peut vite se retrouver engorgé. Outre les perruques, vous y achèterez jeans, bijoux, hauts, lunettes de soleil, chapeaux et bottes. (☎504-899-5587 ; www.funkymonkeynola.com ; 3127 Magazine St ; ⏲11h-18h lun-mer, 11h-19h jeu-sam, 12h-18h dim)

Magazine Antique Mall — OBJETS ANCIENS

18 Plan p. 78, C5

Avis aux fouineurs ! Sur les étals qui composent ce magasin plein à craquer, vous trouverez toute une gamme d'objets anciens variés – baigneurs effrayants, chapeaux, lustres, souvenirs estampillés Coca-Cola... En revanche, les amateurs de bonnes affaires risquent d'être déçus. (☎504-896-9994 ; 3017 Magazine St ; ⏲10h30-17h30, à partir de 12h dim)

Trashy Diva — VÊTEMENTS

19 Plan p. 78, F3

Pas aussi scandaleux que son nom le laisse entendre, ce magasin est spécialisé dans les robes originales, inspirées des années 1940 et 1950, et dans les sous-vêtements Belle Époque – corsets, dentelles... On y déniche aussi des robes inspirées du kabuki, avec des dragons brodés, ainsi que des hauts, des jupes et des châles rétro. (☎504-299-8777 ; www.trashydiva.com ; 2048 Magazine St ; ⏲12h-18h lun-ven, 11h-18h sam, 13h-17h dim)

Explorer

Uptown et Audubon

S'étendant à l'ouest de Garden District, Uptown est un quartier aisé, peu différent de son voisin dans sa structure. S'il est essentiellement résidentiel, il n'en est pas pour autant assoupi. Magazine St est le cœur vivant du quartier et compte de nombreux bars et restaurants fréquentés par les étudiants des universités de Tulane et de Loyola, toutes proches. Immense, l'Audubon Park borde le quartier à l'ouest.

L'essentiel en un jour

Prenez un café sur Magazine St, puis visitez l'**Audubon Zoo** (p. 90), situé dans l'**Audubon Park** (p. 92). Vous pourrez ensuite vous balader sous les grands chênes du parc en direction du campus universitaire de Tulane.

Arrivé à Tulane, prenez Freret St, à l'est. Cette rue se transforme en une petite enclave commerçante chic et élégante et compte des bars et des restaurants qui méritent le détour. Déjeunez par exemple au **Dat Dog** (p. 98), avant de flâner parmi les boutiques de Freret St. Regagnez ensuite Magazine St à pied ou en taxi.

Offrez-vous un dîner romantique chez **Gautreau's** (p. 96), ou optez pour **Mahony's** (p. 96) si vous préférez une ambiance plus décontractée. Pour terminer la soirée, prenez un verre au **St Joe's** (p. 99) et allez écouter de la musique au **Tipitina's** (p. 100).

Voyez notre suggestion de promenade p. 92 pour découvrir l'Audubon Park à la manière des Néo-Orléanais.

Les incontournables

Tramway de St Charles Avenue (p. 88)

Zoo d'Audubon (p. 90)

100% Nola

Audubon Park et alentours (p. 92)

Le meilleur du quartier

Se restaurer

Mahony's Po-Boy Shop (p. 96)

Domilise's Po-Boys (p. 98)

Gautreau's (p. 96)

Musique live

Freret Street Publiq House (p. 99)

Tipitina's (p. 100)

Avec des enfants

Zoo et parc d'Audubon (p. 90 et p. 92)

Comment y aller

Bus Le n°11 relie Canal St à Audubon Park via Magazine St.

Tramway La ligne de St Charles Ave traverse le CBD, le Garden District et Uptown.

Voiture Dans Magazine St, les places sont payantes (1,50 $/heure) de 8h à 18h du lundi au samedi. On peut trouver des places gratuites dans les rues voisines.

Les incontournables
Tramway de St Charles Avenue

Offrez-vous, pour 1,25 $, un petit moment d'histoire. Le plus ancienne ligne de tramway encore en circulation au monde fait à juste titre la fierté des habitants de La Nouvelle-Orléans. Entrée en service en 1835, la ligne de St Charles Ave s'appelait alors la New Orleans & Carrollton Railroad et était tirée par des chevaux. Ce fut l'une des premières à être électrifiée, en 1893. Elle figure aujourd'hui parmi les rares lignes de tramway à avoir survécu à l'ère de l'automobile aux États-Unis.

Plan p. 94, E3

1,25 $ le trajet (prévoyez la somme exacte)

À ne pas manquer

Un parcours vert

On pourrait presque affirmer sans beaucoup exagérer que St Charles Ave est la plus belle rue des États-Unis. Bordée sur quasiment toute sa longueur de grands chênes verts, elle ressemble à une sorte de tunnel arboré. Plantés au début du XXe siècle, ces arbres massifs dont les racines envahissent les trottoirs forment aujourd'hui une magnifique voûte verte au-dessus de la rue.

De belles demeures

De splendides demeures accueillant les riches propriétaires de la ville jalonnent la rue. Beaucoup de ces habitants défilent dans les chars qui paradent pendant le carnaval. Si vous regardez à travers les arbres, vous verrez que de nombreuses maisons sont décorées de perles provenant des chars de Mardi Gras.

Une “zone neutre”

Le milieu de la rue où se trouvent les voies du tramway, appelée Neutral Ground, est souvent emprunté par les joggeurs. Voyez aussi le ballet auquel se livrent voitures et tramway : les difficultés liées à la nécessité de faire coexister circulation routière et voies de tramway explique en partie pourquoi ce mode de transport en commun reste rare aux États-Unis.

Un autre tramway

Vous aimeriez prendre un autre tramway ? La ligne de St Charles assure une correspondance avec celle de Canal St, qui suit deux itinéraires. L'un va jusqu'à City Park, l'autre dessert Greenwood Cemeteries. La correspondance coûte 25 ¢.

À savoir

- Le Jazzy Pass permet un nombre illimité de trajets en tramway et en bus pendant 1/3/31 jours (3/9/55 $). Il s'achète en ligne, à l'adresse www.norta.com. Les conducteurs des tramways vendent uniquement des pass valables une journée.
- Les tramways circulent 24h/24, mais la fréquence indiquée (toutes les 15 minutes) est approximative.
- Si sa ligne d'origine (de St Claude St à Desire St) n'existe plus, le tramway 922, rendu célèbre par le film *Un tramway nommé Désir*, circule toujours – précisément sur la ligne de St Charles Avenue.

Une petite faim ?

Pour un *po'boy*, allez sans hésiter au Mahony's (p. 96), dans Magazine St.

Offrez-vous un cocktail au Columns Hotel (p. 100), empreint d'une élégance raffinée typiquement sudiste.

Les incontournables
Audubon Zoological Gardens

Le zoo de La Nouvelle-Orléans passe pour l'un des meilleurs du pays. Plusieurs biotopes ont été recréés pour présenter les (nombreux) animaux dans leur milieu naturel – des éléphants d'Asie aux dragons de Komodo, sans oublier les girafes ou quelques grenouilles venimeuses, répartis dans des enclos bien aménagés. Vous verrez notamment une grande zone consacrée aux marais de Louisiane (Louisiana Swamp), où paressent quelques alligators, idéale pour comprendre l'écosystème particulier de la région.

Plan p. 94, B4

504-581-4629

www.auduboninstitute.org

6500 Magazine St

adulte/enfant 2-12 ans 19/14 $

10h-16h mar-ven, 17h sam-dim de sept à fév, 10h-17h lun-ven, 18h sam-dim de mars à août

Flamants roses, Audubon Zoological Gardens

À ne pas manquer

Jaguars et pampa

Particulièrement réussie, la partie sud-américaine du zoo s'organise autour d'une jungle parsemée de "vestiges" mayas, où vivent des jaguars, et d'une pampa que l'on traverse sur un sentier surélevé. Des poèmes et des citations d'Emily Dickinson ou de Langston Hughes illustrent les allées et des panneaux rappellent les menaces qui pèsent sur la plupart de ces animaux et leur milieu naturel.

Louisiana Swamp

Cet espace consacré à la culture cajun montre la vie dans les bayous. On voit des chaluts à crevettes, des pièges à langoustes et une drague à huîtres dans un camp de pêche. Lynx roux et loutres sont au rendez-vous et on aperçoit parfois un renard prenant le frais sur un tronc d'arbre flottant sur l'eau.

Pavillon des reptiles

La Louisiane, pays des alligators, éprouve une affection particulière pour les animaux à écailles, comme en témoigne ce pavillon très intéressant, qui réussit à captiver tous les visiteurs, y compris ceux qui habituellement fuient lézards et serpents. On voit notamment un gros dragon de Komodo et quelques-uns des plus grands serpents du monde, tels le cobra royal ou l'anaconda géant.

Watoto Walk

Conçu pour les enfants, l'espace Watoto Walk reconstitue un village masaï du Kenya ou de Tanzanie. Il permet de s'approcher des moutons et des chèvres et de découvrir la vie d'un village africain.

☑ À savoir

- Le zoo est plus calme les après-midi de semaine. Il est parfois vraiment bondé le week-end.
- Renseignez-vous sur les Wild Walks si vous souhaitez suivre une visite guidée.
- Destiné aux enfants, le parc aquatique Cool Zoo ouvre l'été.
- Poussettes autorisées. Possibilité d'en louer sur place.
- Achetez vos billets en ligne pour éviter les files d'attente.

Une petite faim ?

Arrêtez-vous à l'excellent Clancy's (p. 96) pour déjeuner (les jeudi et vendredi) ou pour dîner en début de soirée si vous visitez le zoo l'après-midi.

Le patio de l'inimitable St Joe's (p. 99) vous attend pour une bière à quelques pas du parc.

100% Nola
Audubon Park et alentours

Entouré de belles demeures, ce grand parc au charme indéniable est ponctué de chênes verts et sillonné d'allées piétonnes et cyclables. Habitants et étudiants se prélassent sur les pelouses, étendus sous les longues branches couvertes de mousse espagnole, font leur jogging le long des étangs, promènent leur chien ou viennent pique-niquer en soirée. C'est véritablement le joyau vert de la ville.

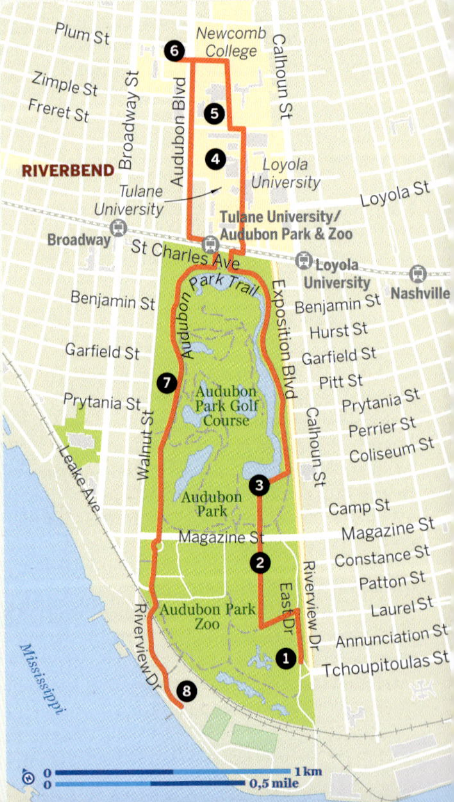

❶ Arbre de vie

Entrez dans l'**Audubon Park** (⏲5h-22h) par le sud pour découvrir le plus grand arbre du parc : le chêne Étienne de Boré, surnommé "Tree of Life". Sa circonférence dépasse les 10 m et sa couronne de feuilles atteint plus de 48 m de largeur. Les enfants s'exercent à monter dans les branches les plus basses, larges et bien écartées.

❷ Allée de chênes

Il est agréable de se promener sous ce bel alignement de chênes verts, éclairé la nuit par des réverbères, qui part du sentier qui longe le centre équestre et traverse Magazine St pour rejoindre le “lac” Olmsted. C’est le lieu favori des promeneurs de chien et des amoureux.

❸ Sentiers intérieurs

Un sentier ceinture la partie nord du parc, longeant au passage les eaux boueuses du “lac” Olmsted. Au sud du plan d’eau, la petite esplanade de Newman Bandstand est un lieu prisé pour les mariages ; à une cinquantaine de mètres de là se dresse un mémorial de la Première Guerre mondiale.

❹ Tulane University

Au nord du parc, le campus de l’université de **Tulane** (504-865-5000 ; www.tulane.edu ; 6823 St Charles Ave) se prête bien à une petite balade. S’étendant sur 45 ha, il forme un joli cadre constitué de chênes verts, de bâtiments de briques rouges et de cours verdoyantes. L’université compte de nombreuses personnalités parmi ses anciens élèves – Jacques Chirac y passa quelques temps dans les années 1950 –, ainsi que de nombreux gouverneurs, juges et personnages politiques.

❺ Voyage au cœur du jazz

Les passionnés de musique fréquentent assidûment les **Hogan Jazz Archive** (504-865-5688 ; jazz.tulane.edu ; 2e étage, Jones Hall, 6801 Freret St, Tulane University ; 8h30-17h30 lun-ven), bourrées d’anecdotes et de trésors de l’histoire du jazz : partitions, photos, journaux, disques... La plupart ne sont pas exposés, mais le personnel vous aidera avec plaisir si vous effectuez une recherche particulière.

❻ Musée des beaux-arts

Encadrée de beaux vitraux réalisés par Tiffany, la **Newcomb Art Gallery** (504-865-5328 ; www.newcombartgallery.tulane.edu ; 6823 St Charles Ave, Woldenberg Art Center ; gratuit ; 10h-17h mar-ven, 11h-16h sam-dim) expose des artistes locaux ou régionaux. On y rencontre souvent des habitants du quartier ou des étudiants qui profitent de l’atmosphère calme et contemplative des lieux. Petit square juste derrière.

❼ Golf et belles demeures

Revenez dans le parc par le nord-ouest. Le sentier qui descend vers Magazine St longe Walnut St, laissant apercevoir quelques-unes des plus belles demeures de la ville. Un parcours de golf occupe tout le centre du parc.

❽ Le Fly

Parcourez environ 800 m vers le sud depuis Magazine St pour découvrir le Fly, un parc (très légèrement) surélevé – ce qui est rare en ville – surplombant le Mississippi. C’est l’un des endroits de pique-nique préférés des habitants. Aux beaux jours, les familles s’y retrouvent pour savourer une bière face au fleuve, tandis que les enfants jouent dans l’herbe.

A
B
C
D
1
2
3
4
5
Pearl St
Dominican St
Benjamin St
Hurst St
Garfield St
Leake Ave
Lowerline St
Pine St
Broadway
St Charles Ave
Tulane University
Loyola University
Calhoun St
Tulane University/
Audubon Park & Zoo
Palmer Ave
Loyola St
Loyola
University
Pitt St
Prytania St
Broadway St
Audubon St
Walnut St
Exposition Blvd
Benjamin St
Hurst St
Garfield St
Pitt St
Audubon Park Trail
Audubon
Park Golf
Course
Audubon
Park
Mississippi
Magazine St
Calhoun St
Henry Clay Ave
Webster St
Prytania St
Perrier St
Coliseum St
Chestnut St
Camp St
Magazine St
Constance St
Patton St
Riverview Dr
Audubon
Zoological
Gardens
East Dr
Laurel St
9
Annunciation St
4
Tchoupitoulas St
State St
Eleonore St
Nashville Ave
Arabella St
Nos adresses
Les incontournables p. 88
Voir p. 96
Se restaurer p. 96
Prendre un verre p. 99
Sortir p. 100
Shopping p. 101
N
0
0
1 km
0,5 mile

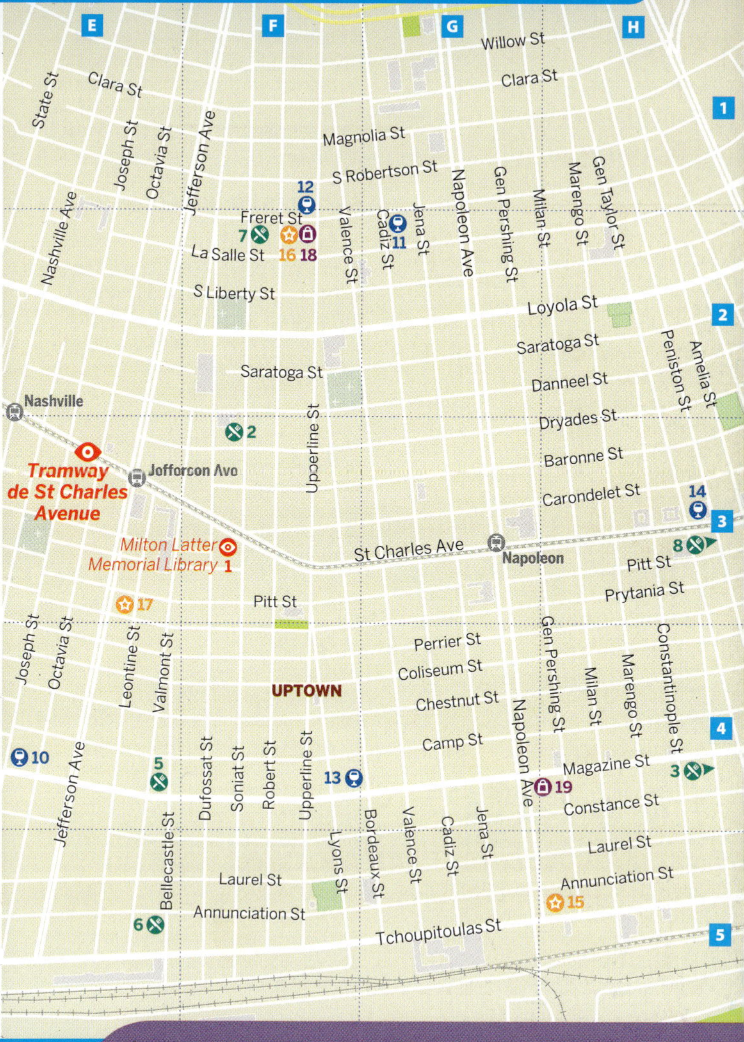
E
F
G
H
1
2
3
4
5
Willow St
Clara St
State St
Clara St
Magnolia St
Joseph St
Octavia St
Jefferson Ave
S Robertson St
Nashville Ave
12
Freret St
7
La Salle St
16 18
Valence St
Cadiz St
11
Jena St
Napoleon Ave
Gen Pershing St
Milan St
Marengo St
Gen Taylor St
S Liberty St
Loyola St
Saratoga St
Saratoga St
Peniston St
Amelia St
Danneel St
Nashville
Dryades St
2
Upperline St
Tramway de St Charles Avenue
Jefferson Ave
Baronne St
Carondelet St
14
Milton Latter Memorial Library 1
St Charles Ave
Napoleon
8
Pitt St
Prytania St
17
Pitt St
Perrier St
Coliseum St
Joseph St
Octavia St
Leontine St
Valmont St
UPTOWN
Chestnut St
Gen Pershing St
Milan St
Marengo St
Constantinople St
Napoleon Ave
Camp St
10
Jefferson Ave
5
Dufossat St
Soniat St
Robert St
Upperline St
13
Magazine St
19
3
Constance St
Bellecastle St
Lyons St
Bordeaux St
Valence St
Cadiz St
Jena St
Laurel St
Laurel St
Annunciation St
Annunciation St
15
6
Tchoupitoulas St

Voir

Milton Latter Memorial Library — BÂTIMENT

1 Plan p. 94, F3

Cette élégante bâtisse entourée de palmiers était une demeure privée avant d'être transformée en bibliothèque. C'est à la famille Isaac, propriétaire des lieux de 1907 à 1912, que l'on doit les panneaux de bois sculptés de style flamand, les fresques murales hollandaises et les plafonds à la française. La demeure fut ensuite vendue à l'aviateur Harry Williams et à son épouse Marguerite Clark, star du cinéma muet, qui y organisèrent des fêtes somptueuses. La propriété appartint plus tard à Robert S. Eddy, un jockey, puis à Mr et Mrs Harry Latter, qui l'offrirent à la ville en 1948. (504-596-2625 ; www.neworleanspubliclibrary.org ; 5120 St Charles Ave ; 9h-20h lun et mer, 18h mar et jeu, 10h-17h sam, 12h-17h dim)

Se restaurer

Gautreau's — AMÉRICAIN MODERNE $$$

2 Plan p. 94, F3

Seul le numéro, 1728, figure sur la façade de cette maison résidentielle sans caractère particulier. Dès que l'on a franchi le seuil, on pénètre dans une salle raffinée et accueillante dans laquelle la clientèle, composée pour l'essentiel de Néo-Orléanais amateurs de bonne cuisine, savoure des plats américains. La chef Sue Zemanick a remporté tous les prix auxquels peut prétendre une jeune étoile montante de la scène gastronomique américaine. (504-899-7397 ; www.gautreausrestaurant.com ; 1728 Soniat St ; plats 22-42 $; 18h-22h lun-sam)

Mahony's Po-Boy Shop — SANDWICHS $

3 Plan p. 94, H4

Bien qu'un peu onéreux, le Mahony's est un bon choix pour manger un *po'boy* dans un cadre sympathique – une petite maison de Magazine St. Le Peacemaker, garni d'huîtres frites, de bacon et de cheddar, est toujours apprécié, de même que la version avec crevettes grillées et tomates vertes frites. À 14,95 $, cette dernière pourrait toutefois être plus copieuse. (www.mahonyspoboys.com ; 3454 Magazine St ; po'boys 9-22 $; 11h-21h)

Clancy's — CRÉOLE $$$

4 Plan p. 94, C5

Avec ses tables aux nappes blanches, ce restaurant associe style, art de vivre et cuisine créole à un service exceptionnel et une joie de vivre communicative. Le monde des affaires néo-orléanais s'y retrouve pour déguster les huîtres frites au brie, le veau au crabe en sauce béarnaise ou le risotto au homard et champignons. Tenue élégante et réservations conseillées. (504-895-1111 ; www.clancysneworleans.com ; 6100 Annunciation St ; plats déj 16-18 $, dîner 25-35 $; 11h30-14h jeu-ven, 17h30-22h30 lun-sam)

Comprendre

Mardi Gras

Une grande partie de Mardi Gras, la fête emblématique de La Nouvelle-Orléans, se déroule dans Uptown. Le défilé le plus suivi, sur St Charles Ave, démarre au croisement de Jefferson Ave et de Magazine St, rejoint Napoleon Ave, qui marque la limite d'Uptown puis remonte jusqu'à St Charles Ave.

Mardi Gras est surtout l'aboutissement de la saison du carnaval, plutôt qu'un jour de fête isolé. Les défilés commencent le deuxième vendredi précédant le Mardi Gras. Les premiers sont des processions bon enfant organisées par des *krewes* (associations qui organisent les défilés du carnaval à La Nouvelle-Orléans) de quartier. Plus le jour de Mardi Gras approche, plus ils prennent de l'ampleur.

L'une des traditions des défilés consiste à lancer des babioles aux spectateurs depuis les chars. À l'exception des festivités qui ont lieu le jour de Mardi Gras dans le Vieux Carré, les défilés de l'ensemble de la saison du carnaval se déroulent généralement dans une ambiance familiale. Muses, l'une des *krewes* connues d'Uptown constituées exclusivement de femmes, fabrique des chars toujours très créatifs et lance à la foule des chaussures décorées à la main qui font sensation.

Le matin du Mardi Gras, les *krewes* Zulu et Rex, qui rassemblent l'élite de La Nouvelle-Orléans afro-américaine et blanche, défilent sur St Charles Ave. Les membres de Zulu distribuent des noix de coco peintes à la main, tandis que les Rex, moins exubérants, se postent un peu plus haut dans Uptown.

À vos déguisements !

Le jour de Mardi Gras, la ville toute entière semble se rendre à un bal costumé : imitez les habitants, qui voient souvent d'un mauvais œil les visiteurs qui participent aux défilés sans être déguisés. Nous vous conseillons de suivre le défilé de la Society of St Ann, le matin du Mardi Gras, qui se distingue par une créativité et un sens du spectacle extraordinaires. Elle regroupe des artistes et personnages divers qui réalisent eux-mêmes leurs déguisements, souvent psychédéliques.

Pour en savoir plus

Gambit Weekly (www.bestofneworleans.com) publie un numéro sur le carnaval en février ou en mars, selon la date de Mardi Gras. Le site **Mardi Gras New Orleans** (www.mardigrasneworleans.com) est très bien fait.

Guy's
SANDWICHS $

5 Plan p. 94, E4

Autant le dire tout de suite, les *po'boys* servis chez Guy's, l'affaire d'un seul homme ou presque, comptent parmi les meilleurs de la ville. Ils sont préparés à la demande avec une attention rencontrée nulle part ailleurs. Même aux moments de grande affluence, chaque sandwich fait l'objet d'un soin particulier. (504-891-5025 ; 5259 Magazine St ; po'boys 7-13 $; 11h-16h lun-sam)

Domilise's Po-Boys
CRÉOLE $

6 Plan p. 94, E5

Domilise's est un petit concentré de La Nouvelle-Orléans : une bicoque blanche un peu délabrée près du fleuve, où le personnel qui semble travailler là depuis toujours sert de la bière Dixie et des *po'boys* savoureux. Si les habitants recommandent le sandwich huîtres et crevettes avec sauce et fromage, celui garni uniquement d'huîtres le dépasse selon nous largement. (5240 Annunciation St ; po'boys 6-18 $; 10h-19h lun-mer et ven, 10h30-19h sam)

Dat Dog
AMÉRICAIN $

7 Plan p. 94, F2

Ici, tous les éléments du hot dog, de la saucisse cuite à la vapeur au pain toasté, en passant par la garniture pleine de saveurs, sont préparés avec une incroyable virtuosité. Choix de saucisses de canard, d'alligator et d'écrevisse. Si vous aimez manger épicé, goûtez la saucisse louisianaise de chez Harahan, juste à côté. (504-899-6883 ; www.datdognola.com ; 5030 Freret St ; plats moins de 8 $; 11h-22h lun-sam, 21h dim ;)

Delachaise
INTERNATIONAL $$

8 Plan p. 94, H3

Si vous cherchez un endroit pour vous détendre en dégustant un verre de vin, le Delachaise, à deux pas du

Comprendre

Aux origines de Mardi Gras

Si les célébrations de Mardi Gras secouent la ville chaque année, il n'en a pas toujours été ainsi. Tradition importée par les colons français, elle fut célébrée pour la première fois en Louisiane en 1699 par l'explorateur Jean Baptiste Le Moyne de Bienville et ses hommes. La tradition des bals masqués fut instaurée dans les années 1740 à La Nouvelle-Orléans. En décembre 1856, la création du Mistick Krewe of Komus – la plus ancienne confrérie du carnaval encore existante – vint raviver la flamme d'une fête sur le déclin. Chars fantastiques, parade nocturne aux flambeaux, ambiance délirante et musique : l'engouement n'a plus cessé depuis.

tramway de St Charles Ave, vous plaira certainement. Peu copieuses, les petites assiettes n'en demeurent pas moins délicieuses – goûtez le succulent sandwich au fromage grillé et sirop de pomme maison. Les frites à la graisse d'oie sont fameuses. (504-895-0858 ; www.thedelachaise.com ; 3442 St Charles Ave ; petites assiettes 8-28 $, assiettes de fromage 13-28 $; 17h-tard lun-jeu, 15h-tard ven-dim)

Patois

FRANÇAIS, CRÉOLE **$$$**

9 Plan p. 94, C5

Le Patois évoque un peu une maison d'amis qui seraient aussi d'excellents cuisiniers. Le chef Aaron Burgau a officié dans de grands restaurants de la ville, dont le Commander's Palace, avant d'ouvrir cet établissement. Il propose de la grande cuisine française aux accents néo-orléanais, servie dans cadre romantique mais sans prétention. (504-895-9441 ; www.patoisnola.com ; 6078 Laurel St ; brunch 13-19 $, plats déj 13-21 $, dîner 23-32 $; 17h30-22h mer-jeu, 11h30-14h et 17h30-22h30 ven, 17h30-22h30 sam, 10h30-14h et 17h30-22h30 dim)

Prendre un verre

St Joe's

BAR

10 Plan p. 94, E4

Les mojitos aux myrtilles de ce bar ont été consacrés meilleurs de la ville à plusieurs reprises par les Néo-Orléanais eux-mêmes. Clientèle de vingtenaires et de trentenaires accueillants, tout comme le personnel. (www.stjoesbar.com ; 5535 Magazine St ; 16h-3h lun-ven, 12h-3h sam, 1h dim)

> 100% Nola
>
> **Un tour au Boot**
>
> Le bar **Boot** (504-866-9008; www.thebootneworleans.com ; 1039 Broadway St ; 11h-17h) se situe quasiment sur le campus de Tulane : rien de surprenant, donc, que les étudiants y aient établi leur QG. À éviter toutefois si vous avez bien plus de 21 ans, sous peine de prendre un coup de vieux.

Freret Street Publiq House

BAR

11 Plan p94, G2

Ce bar de quartier branché propose des soirées quiz et jeux et des spectacles burlesques. Il sert des écrevisses, plus de 90 sortes de bières locales et nationales et quelques cocktails. Des groupes jazz, rock et funk se produisent dans une salle à l'écart. (504-826-9912 ; www.publiqhouse.com ; 4528 Freret St ; 16h-minuit lun-jeu, 16h-2h ven, 14h-2h sam, 14h-minuit dim ;)

Cure

BAR

12 Plan p. 94, F1

Cet établissement à l'élégance discrète, doté de banquettes modernes et d'un jardin zen, est passé maître dans l'art des cocktails. (504-302-2357 ; www.curenola.com ; 4905 Freret St ; 17h-minuit dim-jeu, 2h ven-sam)

Comprendre

Freret Street

Laissée à l'abandon depuis les années 1980 et détruite par l'ouragan et les inondations, la portion de Freret St entre Jefferson Ave et Napoleon Ave a connu un second souffle après Katrina. Objet d'un vaste plan de rénovation, elle compte aujourd'hui boutiques et bars.

Le Bon Temps Roulé

BAR

13 Plan p. 94, F4

Les étudiants apprécient les billards de cet agréable bar de quartier, qui propose un bon choix de bières. Le soir, des groupes de blues, de zydeco ou de jazz d'un bon niveau jouent dans la petite salle à l'arrière. (504-897-3448 ; 4801 Magazine St ; 11h-3h)

Columns Hotel Victorian Lounge

BAR

14 Plan p. 94, H3

Les colonnades, le porche et le chêne qui se dresse à côté de cette belle demeure de 1883 évoquent clairement le temps des plantations – elle fut construite pour un riche marchand de tabac. L'impression se confirme lorsqu'on pénètre dans l'ancienne salle à manger, qui accueille aujourd'hui le bar de l'hôtel. Pour autant, le Victorian Lounge n'est pas réservé aux seuls aristocrates : il est surtout fréquenté par une clientèle jeune qui aime savourer un bourbon ou un cognac dans une atmosphère délicieusement surannée. (www.thecolumns.com ; 3811 St Charles Ave ; 14h-minuit lun-jeu, 11h-2h ven-sam, minuit dim)

Sortir

Tipitina's

MUSIQUE LIVE

15 Plan p. 94, H5

Temple de la musique, cet excellent club d'Uptown doit son nom au morceau du célèbre bluesman Professor Longhair sorti en 1953. Tips, comme le surnomment les Néo-Orléanais, organise des concerts mémorables et des grands noms de la musique, comme Dr John, s'y produisent toute l'année. (504-895-8477 ; www.tipitinas.com ; 501 Napoleon Ave)

Gasa Gasa

MUSIQUE LIVE

16 Plan p. 94, F2

Aménagé dans une galerie d'art, ce bar récent se distingue par l'éclectisme des groupes qu'il accueille, du jazz au folk, en passant par l'indie. Big Freedia en personne est venu célébrer le premier anniversaire du lieu. (504-304-7110 ; www.gasagasa.com ; 4920 Freret St)

Prytania Theatre

CINÉMA

17 Plan p. 94, E3

Ce cinéma, notre préféré à La Nouvelle-Orléans, existe depuis les années 1920 et programme

Colliers de perles de Mardi Gras, Magazine St

des films indépendants et des classiques. (☎504-891-2787 ; www.prytaniatheatreneworleans.com ; 5339 Prytania St ; tarif plein/-12 ans/senior 11,50/9,50/9,50 $, matinée 5,75 $)

Shopping

Crescent City Comics

BANDES DESSINÉES

18 Plan p. 94, F2

Nous vous recommandons cette petite librairie spécialisée très bien fournie, qui comprend un grand choix de BD d'artistes locaux et underground et de romans graphiques. Neil Gaiman et autres auteurs de science-fiction sont aussi bien représentés. (www.crescentcitycomics.com ; 4916 Freret St ; ⌚11h-19h lun-sam, 12h-18h dim)

Uptown Costume & Dancewear

DÉGUISEMENTS

19 Plan p. 94, H4

Véritable temple des accessoires et des tenues les plus loufoques, cette boutique regorge de boas, masques, costumes en tout genre et d'un nombre incroyable de perruques extravagantes. Pour dénicher à coup sûr un déguisement original pour Mardi Gras ! (☎504-895-7969 ; 4326 Magazine St ; ⌚11h-18h lun-mer, 19h jeu-ven, 10h-18h sam)

100% Nola
Une balade dans le Riverbend

Comment y aller

De Mid-City, le bus 90 emprunte Carrollton Ave jusqu'au tramway de St Charles Ave.

Depuis Uptown, prenez le tramway de St Charles Ave.

Le sentier de la digue est ouvert aux vélos.

Coincé à l'ouest d'Uptown contre le Mississippi, ce petit quartier n'est certes pas aussi chic que son voisin, ni aussi familial que Mid-City, de l'autre côté de l'Interstate 10. Proche des universités de Tulane et de Loyola, le Riverbend – que l'on appelle également Carrollton – est une enclave estudiantine agréable et verdoyante, peuplée d'une multitude de cafés, de bars, de restaurants et de boutiques.

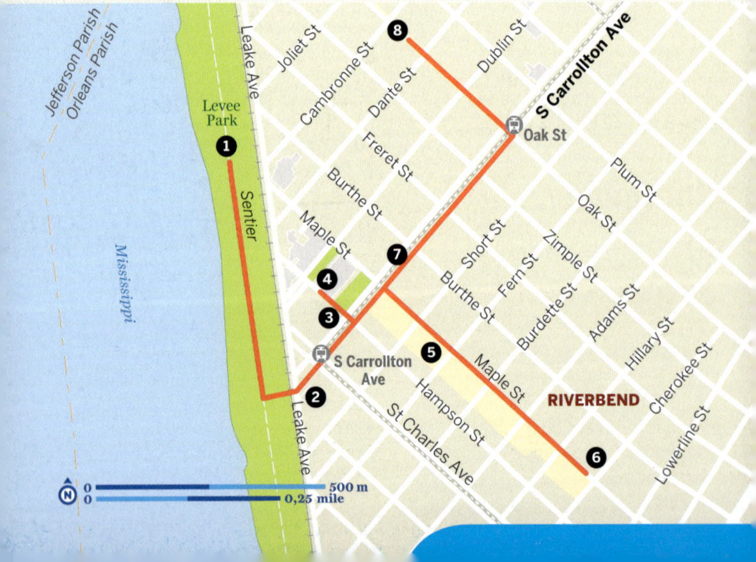

❶ Sentier de la digue

Sur la digue, un sentier remonte le cours du Mississippi depuis le Fly (p. 93), au niveau d'Audubon Park, vers l'ouest et la banlieue de La Nouvelle-Orléans (Jefferson Parish). Très agréable pour marcher, faire du jogging ou du vélo.

❷ Cooter Brown's

Quittez la digue au niveau de Carrollton Ave pour entrer véritablement dans le Riverbend. Étudiants, habitants du quartier et branchés d'Uptown s'arrêtent au **Cooter Brown's** (☎504-866-9104 ; www.cooterbrowns.com ; 509 S Carrollton Ave ; ⏲11h-tard ; 📶) pour boire un verre ou déguster quelques huîtres, jouer au billard ou regarder un match à la télévision.

❸ Camellia Grill

Nous vous recommandons vivement une halte chez **Camellia** (☎504-309-2679 ; 626 S Carrollton Ave ; plats 4-11 $; ⏲8h-minuit dim-jeu, 2h ven-sam), institution locale célèbre pour ses excellents hamburgers bon marché.

❹ Yvonne La Fleur

Unique en son genre, la boutique **Yvonne La Fleur** (☎504-866-9666 ; www.yvonnelafleur.com ; 8131 Hampson St ; ⏲10h-18h lun-sam, 20h jeu) habille de pied en cap les femmes de la bonne société néo-orléanaise depuis des générations, pour toutes les occasions : bal des débutantes, mariage, soirées mondaines...

❺ Ba Chi Canteen

Laissez-vous tenter par les *bacos* du **Ba Chi** (☎504-373-5628 ; 7900 Maple St ; plats 4-15 $; ⏲11h-14h30 lun-ven, 15h30 sam, 17h30-21h lun-mer, 17h30-22h jeu-sam), qui associent les saveurs subtiles des mets vietnamiens à un pain cuit à la vapeur et roulé en forme de tacos pour le côté pratique. *Pho* et *banh mi* figurent aussi au menu.

❻ Maple Street Book Shop

Cette formidable **librairie** (www.maplestreetbookshop.com ; 7523 Maple St ; ⏲10h-18h lun-sam, 11h-17h dim) a fêté ses 50 ans en 2014. Fondée par les sœurs Mary Kellogg et Rhoda Norman, c'est l'une des librairies les mieux fournies et les plus engagées de la ville. Elle organise régulièrement des événements littéraires.

❼ Carrollton Ave

Les maisons qui jalonnent Carrollton ne sont sans doute pas aussi imposantes que celles de St Charles Ave dans Uptown, mais le feuillage des chênes verts y est tout aussi magnifique.

❽ Oak Street

C'est l'une des rues les plus fréquentées du Riverbend. Le mardi en particulier, une foule nombreuse se presse au **Maple Leaf Bar** (☎504-866-9359 ; www.mapleleafbar.com ; 8316 Oak St ; généralement 10 $, gratuit lun ; ⏲15h-tard) pour écouter Rebirth, un excellent *brass band*. Cela dit, ce bar mérite aussi une visite n'importe quel autre soir.

Explorer

Mid-City et bayou Saint John

S'il n'est ni le plus visité ni le plus animé, Mid-City a pour lui d'être l'un des rares quartiers de la ville où règne une véritable mixité sociale. Agréable mais très étendu, il se prête bien à une découverte à vélo ou en voiture. Tout proche de là, le bayou Saint John longe l'un des plus grands parcs urbains du pays avant de rejoindre le lac Pontchartrain.

L'essentiel en un jour

Après un petit-déjeuner au **Pagoda Cafe** (p. 112), suivez la jolie Esplanade Ave jusqu'au **City Park** (p. 106). Visitez le **New Orleans Museum of Art** (p. 110), puis prenez le temps de flâner dans le **Sydney & Walda Besthoff Sculpture Garden** (p. 110).

Faites une pause au **Morning Call** (p. 107) le temps d'avaler un beignet et un café, puis baladez-vous le long du ravissant bayou Saint John. La **Pitot House** (p. 110) offre un aperçu intéressant de l'histoire de la ville. Pour le déjeuner, nous vous proposons de pique-niquer au bord de l'eau d'un *po'boy* que vous pouvez acheter à la **Parkway Tavern** (p. 112), située à l'autre extrémité du bayou.

Le soir venu, offrez-vous un repas traditionnel au **Mandina's** (p. 113) et terminez par l'un des délicieux cocktails du **Twelve Mile Limit** (p. 113).

Les incontournables

City Park (p. 106)

Le meilleur du quartier

Se restaurer

Parkway Tavern (p. 112)

Café Degas (p. 112)

Music live

Chickie Wah Wah (p. 114)

Bars et clubs

Twelve Mile Limit (p. 113)

Treo (p. 113)

Musées

New Orleans Museum of Art (p. 110)

Architecture

Pitot House (p. 110)

Comment y aller

Bus Le n°91 remonte Esplanade Ave, traverse Mid-City et s'arrête devant le City Park. Le n°27 rejoint également le parc via Louisiana Ave. Le n°94 traverse Mid-City en passant par Broad Ave.

Tramway La ligne de Canal St emprunte Carrollton Ave jusqu'à City Park.

Voiture Il est facile (et souvent gratuit) de stationner dans les rues du quartier.

Les incontournables
City Park

Plus vaste que Central Park à New York ou que le Golden Gate Park de San Francisco, ce beau parc urbain dévoile sur 530 ha chênes verts couverts de mousse espagnole, jardins, passerelles et ponts. Parmi les plus anciens du pays, il fut créé en partie sur le bayou Metairie et présente une version “maîtrisée” de ce paysage typique du sud de la Louisiane et de sa végétation. C’est dans ce très vert écrin que s’est installé le New Orleans Museum of Art (voir p. 110) en 1911.

Plan p. 108, E1

504-482-4888

www.neworleanscitypark.com

Esplanade & City Park Aves

À ne pas manquer

Péristyle
Ressemblant à un temple grec, le péristyle, bâtiment de style classique hérissé de colonnes ioniques construit en 1907, surplombe le bayou Metairie. Quatre lions en pierre observent les visiteurs et les cérémonies ou les fêtes qui s'y déroulent occasionnellement. L'aire de jeux voisine fera le bonheur des enfants.

Storyland
Les statues des personnages de contes de fées de **Storyland** (adulte/enfant -1 m 4 $/gratuit ; ⏲10h-17h mar-ven, 18h sam-dim) devraient plaire aux plus jeunes, qui pourront grimper dans la citrouille-carrosse de Cendrillon ou dans la gueule de la baleine de *Pinocchio*. Ces statues sont l'œuvre de Blaine Kern, qui crée également des chars de Mardi Gras.

Jardin botanique
Le **Botanical Garden** (☎504-483-9386 ; adulte/enfant 4 $/gratuit ; ⏲10h-16h30 mar-dim) renferme quantité de plantes de la région et du monde entier, dont la floraison est à son apogée en mars et avril. Un réseau ferré (Train Garden) reproduit en miniature la ville telle qu'elle était à la fin du XIXe siècle, avec près de 400 m de voies ferrées.

Carousel Gardens
Joliment désuet, le manège bien restauré des **Carousel Gardens** (adulte/enfant 4 $/gratuit, tour 4 $; ⏲10h-17h mar-jeu, 10h-22h ven, 11h-22h sam, 11h-18h dim juin et juil, sam-dim uniquement au printemps et en automne) est logé dans une structure datant de 1906 décorée de vitraux. Dans les années 1980, les habitants du quartier ont rassemblé 1,2 million de dollars pour restaurer les animaux du manège et remplacer l'orgue.

☑ À savoir

- Les toilettes sont difficiles à trouver dans le parc. Nous vous conseillons d'utiliser celles du café Morning Call.
- Les places de parking sont rares lors des grands événements qui se déroulent dans le parc (Voodoo Experience, par exemple), organisez-vous en conséquence.
- Il est rigoureusement interdit de laisser son chien se promener en liberté dans le parc, sauf dans l'espace réservé City Bark. Pour y accéder, procurez-vous un permis sur le site Internet du parc.

✕ Une petite faim ?

Tout le monde s'arrête au **Morning Call** (www.neworleanscitypark.com ; Dreyfous Ave, City Park ; 2-10 $; ⏲24h/24) pour un beignet et un café.

Pour une soirée romantique, laissez-vous séduire par la cuisine française du Café Degas (p. 112).

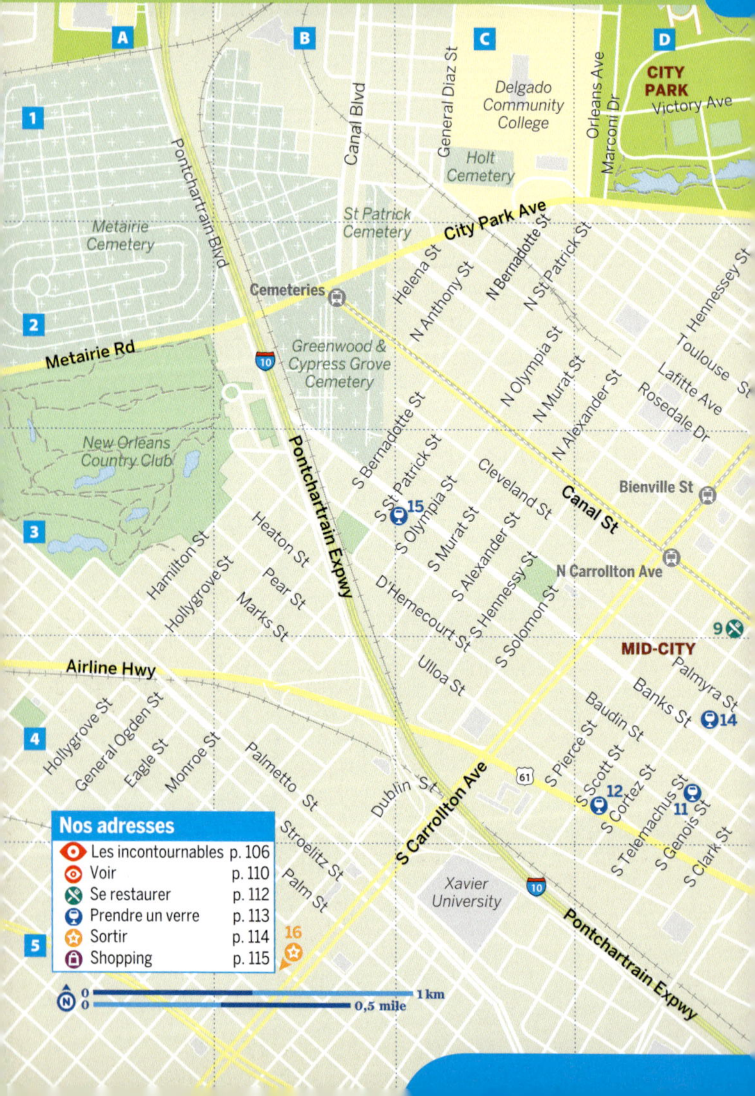
A
B
C
D
1
2
3
4
5
CITY PARK
Victory Ave
Delgado Community College
Holt Cemetery
General Diaz St
Orleans Ave
Marconi Dr
Canal Blvd
Pontchartrain Blvd
Metairie Cemetery
St Patrick Cemetery
City Park Ave
Cemeteries
Metairie Rd
10
Greenwood & Cypress Grove Cemetery
Helena St
N Anthony St
N Bernadotte St
N St Patrick St
N Olympia St
N Murat St
N Alexander St
Hennessey St
Toulouse St
Lafitte Ave
Rosedale Dr
Bienville St
New Orleans Country Club
S Bernadotte St
S St Patrick St
15
S Olympia St
S Murat St
S Alexander St
Cleveland St
Canal St
N Carrollton Ave
Pontchartrain Expwy
Heaton St
Pear St
Marks St
Hamilton St
Hollygrove St
D'Hemecourt St
S Hennessy St
S Solomon St
9
MID-CITY
Palmyra St
Banks St
14
Baudin St
Ulloa St
Airline Hwy
Hollygrove St
General Ogden St
Eagle St
Monroe St
Palmetto St
Dublin St
S Carrollton Ave
61
S Pierce St
S Scott St
12
S Cortez St
S Telemachus St
11
S Genois St
S Clark St
Stroelitz St
Palm St
Xavier University
10
Pontchartrain Expwy
16
Nos adresses
Les incontournables p. 106
Voir p. 110
Se restaurer p. 112
Prendre un verre p. 113
Sortir p. 114
Shopping p. 115
N
0 1 km
0 0,5 mile

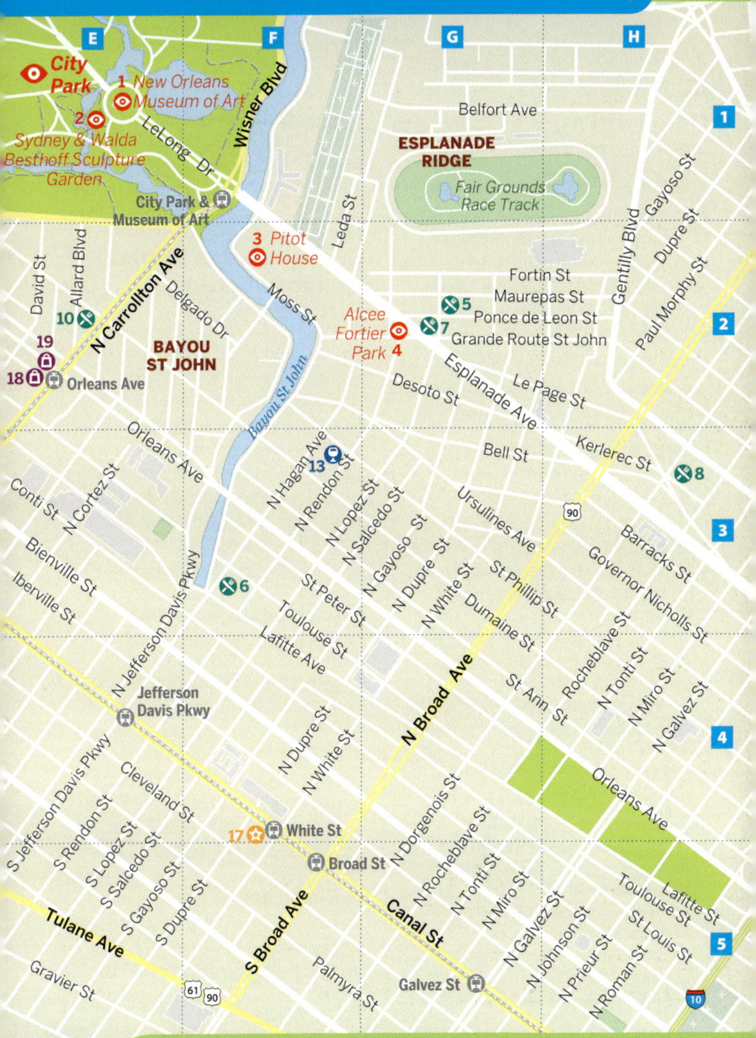
E
F
G
H
1
2
3
4
5
City Park
1 New Orleans Museum of Art
2 Sydney & Walda Besthoff Sculpture Garden
3 Pitot House
Alcee Fortier Park 4
5
6
7
8
10
13
17
18
19
ESPLANADE RIDGE
Fair Grounds Race Track
BAYOU ST JOHN
Bayou St John
City Park & Museum of Art
Orleans Ave
Jefferson Davis Pkwy
White St
Broad St
Galvez St
Belfort Ave
Wisner Blvd
LeLong Dr
Leda St
Moss St
Delgado Dr
N Carrollton Ave
Allard Blvd
David St
Fortin St
Maurepas St
Ponce de Leon St
Grande Route St John
Gentilly Blvd
Gayoso St
Dupre St
Paul Morphy St
Esplanade Ave
Desoto St
Le Page St
Bell St
Kerlerec St
Conti St
N Cortez St
Bienville St
Iberville St
N Hagan Ave
N Rendon St
N Lopez St
N Salcedo St
N Gayoso St
N Dupre St
N White St
Ursulines Ave
St Phillip St
Dumaine St
St Peter St
Toulouse St
Lafitte Ave
N Jefferson Davis Pkwy
N Broad Ave
St Ann St
Barracks St
Governor Nicholls St
Rocheblave St
N Tonti St
N Miro St
N Galvez St
S Jefferson Davis Pkwy
S Rendon St
S Lopez St
S Salcedo St
S Gayoso St
S Dupre St
Cleveland St
Tulane Ave
Gravier St
S Broad Ave
Palmyra St
Canal St
N Dorgenois St
N Rocheblave St
N Johnson St
N Prieur St
N Roman St
Lafitte St
St Louis St
61
90
10

Voir

New Orleans Museum of Art

MUSÉE

1 Plan p. 108, E1

À l'intérieur du City Park, prenez le temps de visiter ce musée ouvert en 1911. Il rassemble des expositions temporaires et une belle collection d'art européen (Véronèse, Greuze, Monet, Miró, Picasso, Degas – dont la mère était native de La Nouvelle-Orléans et qui vécut en ville de 1872 à 1873...), américain, africain, asiatique (ne manquez pas la remarquable collection de tabatières de Chine de la dynastie Qing), amérindien et océanien. (NOMA ; ☎504-658-4100 ; www.noma.org ; 1 Collins Diboll Circle ; adulte/enfant 10/6 $, gratuit -6 ans ; ⏲10h-18h mar-jeu, 21h ven, 11h-17h sam-dim)

Comprendre

Bayou Saint John

Si le bayou Saint John est aujourd'hui un agréable lieu de promenade ou de balade en canoë, ce cours d'eau qui dégage parfois une odeur nauséabonde est à l'origine même de la création de la ville. Les Amérindiens le naviguaient et firent de ses rives un lieu de portage vers le Mississippi, qui devinrent un point de rencontre avec les trappeurs et les colons pour le négoce. Les colons français comprirent rapidement que le bayou constituait le moyen le plus rapide de relier le lac Pontchartrain au Mississippi, puis au golfe du Mexique. En 1701, ils installèrent le fort Saint-Jean à la rencontre du bayou et du lac afin de contrôler cette zone stratégique. En 1718 naissait La Nouvelle-Orléans, quelques kilomètres plus au sud.

Sydney & Walda Besthoff Sculpture Garden

JARDIN

2 Plan p. 108, E1

Adjacent au NOMA, ce jardin très agréable créé en 2003 renferme une soixantaine de sculptures de la fondation Sydney & Walda Besthoff. Vous pourrez notamment admirer des œuvres d'Henry Moore, de René Magritte et de Louise Bourgeois. Entrée gratuite. (☎504-488-2631 ; www.noma.org ; 1 Collins Diboll Circle ; gratuit ; ⏲10h-18h lun-ven, 10h-17h sam-dim)

Pitot House

BÂTIMENT HISTORIQUE

3 Plan p. 108, F2

Construite en 1799, la Pitot House est la seule maison de campagne coloniale créole qui soit ouverte au public en ville. Elle doit son nom à James Pitot, premier maire de la ville lorsque la Louisiane fut achetée par les États-Unis. Il y habita de 1810 à 1819 : la maison a été restaurée et meublée dans le style de cette époque. Les occupants venaient se réfugier dans les galeries couvertes en cas de forte chaleur. Visites guidées uniquement. (☎504-482-0312 ; www.pitothouse.org ; 1440 Moss St ; tarif plein/-12 ans et senior 10/7 $; ⏲10h-15h mer-sam)

Comprendre

L'ouragan Katrina

La Nouvelle-Orléans vivait depuis longtemps dans la crainte d'être détruite par un ouragan. Katrina, qui venait de se former le 23 août 2005 dans les Bahamas et ne cessait de se renforcer depuis, rassemblait tous les critères tant redoutés.

Le 28 août, le maire Ray Nagin ordonna l'évacuation de la ville, la première de son histoire, jetant sur les routes près de quatre habitants sur cinq. Resteront 200 000 personnes, sans moyen de transport ou voulant protéger leur maison ou leur entreprise.

Le lendemain, l'ouragan touchait les côtes, après s'être quelque peu affaibli, passant de la catégorie 5 à la catégorie 3. Alors que les violentes rafales de vent constituent habituellement la principale caractéristique des ouragans, les dégâts provoqués par Katrina ont été dus au déferlement des vagues dans la ville. Les vents ont entraîné la montée des eaux du golfe du Mexique qui sont venues grossir celles du Mississippi et du lac Pontchartrain, puis des canaux qui sillonnent la ville.

Les digues n'ont pas résisté et 80 % de la ville ont été submergés sous des torrents d'eau, de boue et de déchets. Les pompes utilisées pour évacuer l'eau en cas de fortes pluies restaient inefficaces face au volume et les inondations ont dépassé les 4 m de hauteur à certains endroits. Les quartiers situés en bordure du Mississippi – Uptown, le Garden District, le Vieux Carré et certaines parties du Faubourg Marigny et de Bywater – ont été relativement épargnés. Partout ailleurs, les magasins ont été dévalisés par les habitants à la recherche de médicaments et de produits d'alimentation, mais aussi de produits électroniques, DVD ou écrans plats.

Près de 26 000 personnes se sont réfugiées dans l'enceinte du Superdome, inadaptée pour accueillir autant de monde dans des conditions correctes, tandis que d'autres ont trouvé refuge au Convention Center. Certaines ont essayé de gagner Jefferson Parish, à côté de La Nouvelle-Orléans, mais ont été refoulées par la police, les autorités ayant décrété que les communes voisines ne disposaient pas des infrastructures suffisantes pour recevoir les réfugiés et redoutant aussi que les pillards ne déferlent sur leurs communautés.

Pour les Néo-Orléanais, l'ouragan Katrina, malgré les apparences, n'était pas une catastrophe naturelle, mais bien plutôt un événement climatique qui a frappé des infrastructures insuffisantes et terriblement vétustes.

Alcee Fortier Park

PARC

4 Plan p. 108, G2

Ce joli parc ponctué de mobilier original se situe juste en face de la partie la plus animée d'Esplanade Ave, qui recèle nombre de restaurants et de boutiques très conviviaux. Des films pour enfants sont parfois projetés dans le parc en soirée. (3100 Esplanade Ave)

Se restaurer

Liuzza's by the Track

DINER $

5 Plan p. 108, G2

On mange ici l'un des meilleurs gumbos de la ville. Le *po'boy* aux crevettes et les huîtres à l'ail frites sont tout aussi succulents. Le tout est servi dans une atmosphère typique de La Nouvelle-Orléans, où se côtoient sans sourciller tous les milieux. (504-218-7888 ; www.liuzzasnola.com ; 1518 N Lopez St ; plats 7-16 $; 11h-19h lun-sam)

100% Nola

Angelo Brocato

Ouvert depuis 1905, **Angelo Brocato** (504-486-1465 ; www.angelobrocatoicecream.com ; 214 N Carrollton Ave ; boule de glace 3,25 $, pâtisserie moins de 4 $; 11h-17h mar-sam) est le glacier le plus ancien de la ville. Ses crèmes glacées, *cannoli* et *biscotti* croquants ravissent autant les yeux que les papilles.

Parkway Tavern

SANDWICHS $

6 Plan p. 108, F3

S'il l'on devait établir un palmarès des meilleurs *po'boys* de La Nouvelle-Orléans, ceux préparés par Parkway Tavern arriveraient en bonne position – et les habitants qui fréquentent l'adresse en nombre semblent nous donner raison. Celui au rôti de bœuf est tout particulièrement réussi – raison de plus pour la choisir, cette déclinaison semble peu à peu délaissée par les autres restaurants préparant des *po'boys*. (504-482-3047 ; www.parkwaypoorboys.com ; 538 Hagan Ave ; po'boys moins de 13 $; 11h-22h mer-lun)

Café Degas

FRANÇAIS $$

7 Plan p. 108, G2

Un pacanier se dresse au centre de la charmante petite salle de ce restaurant français de qualité. Les plats, steak-frites au poivre, médaillons de veau en croûte de parmesan... sont présentés avec art. (504-945-5635 ; www.cafedegas.com ; 3127 Esplanade Ave ; plats déj 11-17 $, dîner 19-30 $; 11h-15h et 18h-22h mer-sam, 10h30-15h et 18h-21h30 dim)

Pagoda Cafe

CAFÉ $

8 Plan p. 108, H3

Lassé de la cuisine créole ? Le Pagoda Cafe propose une cuisine saine aux inspirations internationales. Le matin, on peut choisir des tacos avec œufs et bacon, des toasts banane-Nutella ou un granola maison. Le midi, commandez un feuilleté à la saucisse à emporter ou optez pour un *banh mi* au tofu et à la citronnelle à déguster sur place. (www.pagodacafe.net ; 1430 N Dorgenois St ; petit-déj 3-8 $, pâtisseries moins de 5 $, sandwichs 8-10 $; 7h-16h mar-sam, 9h-15h dim ;)

Mandina's

ITALIEN $$

9 Plan p. 108, D3

Dans la communauté italo-américaine de La Nouvelle-Orléans, les enterrements se terminaient autrefois par une soupe de tortue dans cet établissement devenu une véritable institution. La carte propose d'incontournables valeurs sûres, en l'occurrence des plats louisianais d'origine sicilienne : truite aux amandes, côtes de veau et haricots rouges et poivrons farcis à la viande et aux macaronis. (504-482-9179 ; www.mandinasrestaurant.com ; 3800 Canal St ; plats 12-20 $; 11h-21h30 lun-jeu, 22h ven-sam, 12h-21h dim)

Toup's Meatery

LOUISIANAIS $$

10 Plan p. 108, E2

Amateurs de viande, ce restaurant est fait pour vous, en particulier le Toup's Meatery Board, un véritable plateau de viande et de charcuterie fondante à souhait, à même de rassasier les plus gros appétits. Plateaux de fromage ou foie gras accompagnent à merveille un verre de vin. (504-252-4999 ; www.toupsmeatery.com ; 845 N Carrollton Ave ; plats déj 15-22 $, petites assiettes 7-21 $, dîner 18-29 $; 11h-14h30 mar-sam, 17h-22h mar-jeu, 17h-23h ven-sam)

> 100% Nola
>
> **Fair Grinds**
>
> Comme tout bon café tendance qui se respecte, **Fair Grinds** (504-913-9072 ; 3133 Ponce de Leon St ; 6h30-22h ;) est confortable, branché et sans prétention et sert bien sûr un bon petit noir. Au cœur de la scène bobo de Mid-City, il expose aussi des artistes locaux, soutient les associations du quartier et organise régulièrement des soirées musicales.

Prendre un verre

Twelve Mile Limit

BAR

11 Plan p. 108, D4

Ce bar très accueillant et bien implanté dans le quartier sert d'excellents cocktails, dignes des meilleurs spécialistes du genre. (500 S Telemachus St ; 17h-minuit lun-jeu, 2h ven-sam, 23h dim)

Treo

BAR À COCKTAILS

12 Plan p. 108, D4

Ouvert depuis peu, le Treo attire une clientèle nombreuse dans Tulane Ave, en pleine renaissance. Grand choix de cocktails et de boissons saisonnières et petites assiettes louisianaises. (504-304-4878 ; www.treonola.com ; 3835 Tulane Ave ; 11h30-23h mar-jeu, minuit ven-sam)

Pal's
BAR

13 Plan p. 108, F3

Ouvert à tous, le Pal's est un bar de quartier sympathique, qui accueille une clientèle d'habitués venus discuter autour d'un verre, se détendre lors d'une partie de "air hockey" ou regarder un match en sirotant une bière. Signalons aussi les photos vintage de pin-ups qui tapissent les murs des toilettes pour hommes. Ouvert au moins jusqu'à 3h du dimanche au jeudi, au moins jusqu'à 4h le vendredi et le samedi. (949 N Rendon St ; 15h-tard)

Finn McCool's
PUB

14 Plan p. 108, D4

Un pub irlandais n'est peut-être pas l'image la plus authentique que l'on puisse avoir de La Nouvelle-Orléans. Il suffit pourtant de pousser la porte de cet établissement un jour de grand match de football ou de rugby pour se retrouver au milieu d'une foule d'habitants du coin venus suivre la rencontre autour d'un verre. Le reste du temps, ce pub fondé dans les années 1990 est tout simplement un bon endroit pour boire une bière, faire une partie de fléchettes ou un billard et refaire le monde. (504-486-9080 ; www.finnmccools.com ; 3701 Banks St ; 11h-3h lun-ven, 9h-3h sam, 10h-3h dim)

Mid-City Yacht Club
BAR

15 Plan p. 108, C3

Drôle de nom que celui de ce bar situé en plein Mid-City, à plusieurs kilomètres du premier lac venu. L'idée aurait germé dans la tête du propriétaire alors qu'il sillonnait les rues du quartier en bateau, afin de secourir des victimes de Katrina. Cet événement est d'ailleurs au cœur de ce bar, puisqu'il fut reconstruit à partir de planches de bois arrachées par l'ouragan. (504-483-2517 ; www.midcityyachtclub.com ; 440 S St Patrick St ; 11h30-15h lun-jeu, jusqu'à 3h30 ven, 10h30-4h sam-dim)

Sortir

Mid-City Rock & Bowl
MUSIQUE LIVE

16 Plan p. 108, B5

Associant bowling, restaurant et immense salle de concerts et de danse, le Rock & Bowl séduit les amateurs de la musique néo-orléanaise des origines. Pour véritablement découvrir le zydeco, ne manquez pas les soirées danse organisées ici tous les jeudis. (504-861-1700 ; www.rockandbowl.com ; 3000 S Carrollton Ave ; 17h-tard)

Chickie Wah Wah
MUSIQUE LIVE

17 Plan p. 108, F4

La petite scène de ce fabuleux club de jazz accueille les plus fameux musiciens de la ville, du Sweet Olive String Band à Meschya Lake, et de nombreux grands noms internationaux. (504-304-4714 ; www.chickiewahwah.com ; 2828 Canal St ; concerts vers 20h)

Le bayou Saint John

Shopping

Tubby & Coos

LIVRES

18 Plan p. 108, E2

Game of Thrones, Dr Who, Star Wars… ils sont tous là, dans cette librairie de science-fiction et de polar fière de sa culture geek. Une "quiz night" intitulée Dungeons & Dating est régulièrement organisée ; soirée jeux de société chaque dimanche de 18h à 22h. (504-598-5536 ; www.tubbyandcoos.com ; 631 N Carrollton Ave ; 10h-19h jeu-mar ;)

SoPo

VÊTEMENTS, CADEAUX

19 Plan p. 108, E2

Cette boutique très accueillante vend principalement des vêtements pour femme, à l'étage, et des objets d'inspiration sudiste. (504-609-2429 ; www.soponola.com ; 629 N Carrollton Ave ; 10h-18h mar-sam)

Explorer

Tremé

Le quartier afro-américain le plus vieux de la ville – et du pays – est évidemment baigné d'histoire. Ancien quartier des migrants et des gens de couleur libres, il reste empreint d'une culture très vive où se mêlent musique, art et architecture, au croisement des influences africaines, françaises et espagnoles.

L'essentiel en un jour

Relativement peu étendu, Tremé peut tout à fait se parcourir à vélo. Commencez par un petit-déjeuner chez **Lil' Dizzy's** (p. 124), le restaurant à ne pas manquer dans le quartier. Descendez ensuite à pied ou à vélo Governor Nicholls St, l'une des plus jolies rues de la ville. Entrez au **Musée de F.P.C.** (p. 121), puis à **St Augustine's Church** (p. 120).

Pour mieux comprendre l'influence de la culture caribéenne sur la ville, visitez le **Backstreet Cultural Museum** (p. 120). Gagnez ensuite le **Louis Armstrong Park** (p. 120) ou, si vous avez faim, rejoignez directement le **Willie Mae's** (p. 123) pour un mémorable poulet frit, ou le **Dooky Chase** (p. 123), pour déguster l'une des meilleures *soul food* du pays.

Pour le dîner, choisissez un gumbo ou un *po'boy* aux crevettes au **Cajun Seafood** (p. 123). Le mercredi, allez écouter de la musique au **Candlelight Lounge** (p. 124). Les autres jours, le **K-Doe's Mother-in-Law Lounge** (p. 125) est idéal pour prendre un verre au coude à coude avec les habitants.

Le meilleur du quartier

Se restaurer

Willie Mae's Scotch House (p. 123)

Dooky Chase (p. 123)

Musique

Candlelight Lounge (p. 124)

Musées

Backstreet Cultural Museum (p. 120)

Parcs et jardins

Louis Armstrong Park (p. 120)

Comment y aller

Bus Le n°91 remonte Esplanade Ave, qui longe Tremé. Le n°94 emprunte Broad St, au nord du quartier.

Voiture Se garer dans les rues du quartier est simple et généralement gratuit.

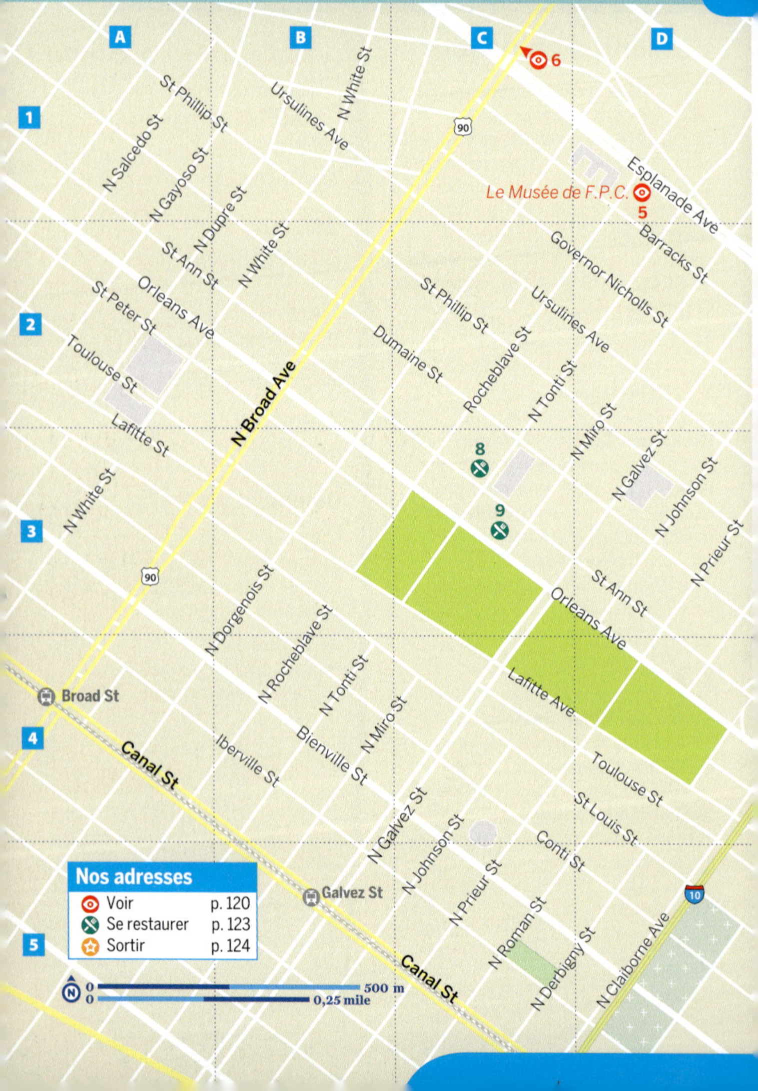
A
B
C
D
1
2
3
4
5
6
Le Musée de F.P.C.
5
8
9
90
10
St Phillip St
Ursulines Ave
N White St
N Salcedo St
N Gayoso St
N Dupre St
St Ann St
N White St
Orleans Ave
St Peter St
Toulouse St
Lafitte St
N Broad Ave
Esplanade Ave
Barracks St
Governor Nicholls St
St Phillip St
Ursulines Ave
Dumaine St
Rocheblave St
N Tonti St
N Miro St
N Galvez St
N Johnson St
N Prieur St
St Ann St
Orleans Ave
Lafitte Ave
N White St
N Dorgenois St
N Rocheblave St
N Tonti St
N Miro St
Broad St
Canal St
Iberville St
Bienville St
Toulouse St
St Louis St
Conti St
N Galvez St
N Johnson St
N Prieur St
N Roman St
N Derbigny St
N Claiborne Ave
Galvez St
Canal St
Nos adresses
Voir p. 120
Se restaurer p. 123
Sortir p. 124
0 500 m
0 0,25 mile

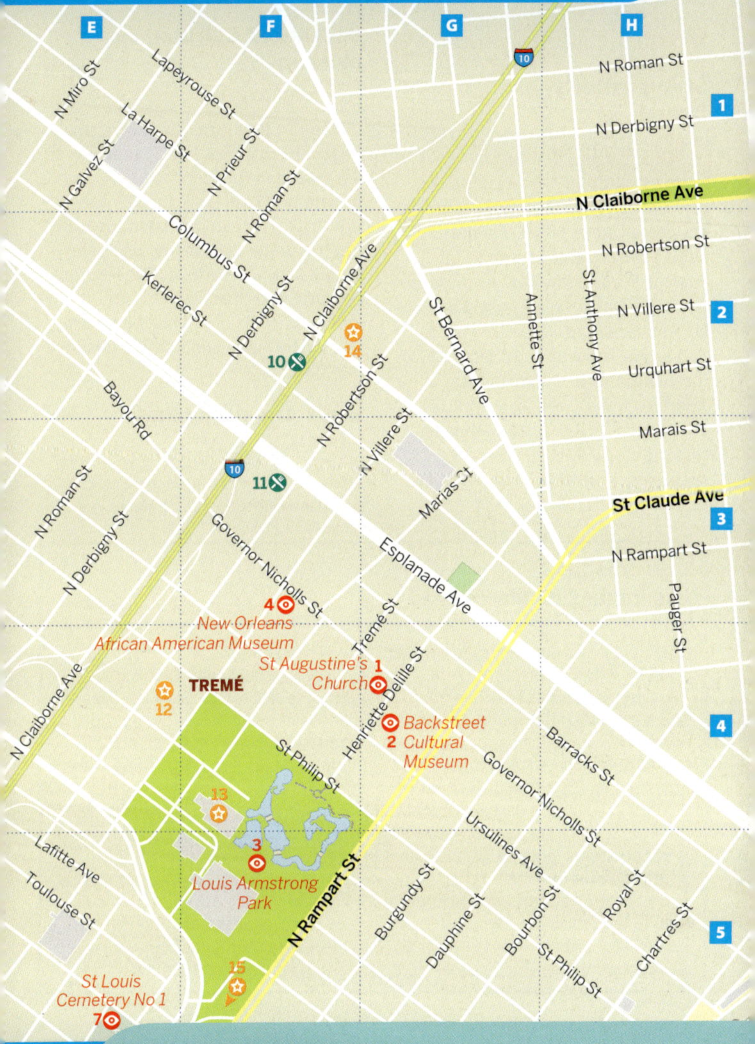
E
F
G
H
1
2
3
4
5
N Roman St
N Derbigny St
N Claiborne Ave
N Robertson St
N Villere St
Urquhart St
Marais St
St Claude Ave
N Rampart St
Pauger St
St Anthony Ave
Annette St
St Bernard Ave
N Miro St
Lapeyrouse St
La Harpe St
N Galvez St
N Prieur St
N Roman St
Columbus St
Kerlerec St
N Derbigny St
N Claiborne Ave
10
14
N Robertson St
N Villere St
Marias St
Bayou Rd
11
N Roman St
N Derbigny St
Governor Nicholls St
Esplanade Ave
4
New Orleans
African American Museum
St Augustine's 1
Church
Tremé St
Henriette Delille St
TREMÉ
12
N Claiborne Ave
Backstreet
2 Cultural
Museum
Barracks St
Governor Nicholls St
St Philip St
13
3
Louis Armstrong
Park
Ursulines Ave
Lafitte Ave
Toulouse St
N Rampart St
Burgundy St
Dauphine St
Bourbon St
Royal St
Chartres St
St Philip St
15
St Louis
Cemetery No 1
7

Voir

St Augustine's Church

ÉGLISE

2 Plan p. 118, G4

Cette église de 1841 est la deuxième plus vieille église catholique noire des États-Unis. Créoles, émigrés de Saint-Domingue et personnes de couleur libres pouvaient y communier ensemble, même si les esclaves étaient cantonnés à certains bancs. Son avenir étant aujourd'hui menacé, il est conseillé de la visiter : un nombre élevé de visites accroît les chances de conserver ce bâtiment historique. (☎504-525-5934 ; www.staugustinecatholicchurch-neworleans.org ; 1210 Governor Nicholls St)

Backstreet Cultural Museum

MUSÉE

1 Plan p. 118, G4

Consacré à la culture afro-américaine de la ville, ce musée fait la part belle aux costumes finement ouvragés des Indiens de Mardi Gras. Installé dans une ancienne chambre funéraire, il n'est pas très grand mais mérite une visite si vous vous intéressez à cette fête, aux Second Lines et aux clubs d'entraide. (☎504-522-4806 ; www.backstreetmuseum.org ; 1116 Henriette Delille St ; 8 $; 🕒10h-17h mar-sam)

Louis Armstrong Park

PARC

3 Plan p. 118, F5

Dédié à l'un des enfants de la ville les plus célèbres, ce parc abrite l'un

Comprendre

Les Indiens de Mardi Gras

La tradition des carnavals afro-américains a véritablement commencé en 1885, lorsqu'un groupe d'Amérindiens, qui se faisait appeler Creole Wild West, défila dans les rues des quartiers noirs de la ville le jour de Mardi Gras. Leurs costumes très élaborés, décorés de perles et de plumes, firent grande impression et d'autres groupes afro-amérindiens se joignirent rapidement à la parade les années suivantes – les Wild Tchoupitoulas, les Yellow Pocahontas et les Golden Eagles, entre autres.

Pour certains, ce carnaval constituait un moyen d'honorer les Amérindiens qui ont résisté à l'expansion des colons américains. Des chansons afro-amérindiennes mêlant des mots anglais, créoles, choctaw ou africains se sont transmises de génération en génération et ont parfois perdu leur sens.

Les costumes amérindiens créés pour l'occasion sont devenus au fil des ans de véritables œuvres d'art toujours plus extravagantes. Les motifs très expressifs sont constitués de perles et de paillettes soigneusement cousues. La fabrication de ces costumes peut prendre toute une année.

KYLIE MCLAUGHLIN/GETTY IMAGES ©

Demeures d'Esplanade Avenue (p. 123)

des lieux les plus importants dans le développement de la musique moderne : Congo Sq (p. 124). Outre ce morceau d'histoire, on peut y voir une **statue de Louis Armstrong** et un **buste de Sidney Bechet**. Le Mahalia Jackson Theater (p. 124) propose des opéras et spectacles. (701 N Rampart St ; 8h-18h)

New Orleans African American Museum MUSÉE

4 Plan p. 118, F3

Fermé pour rénovation lors de notre passage, ce petit musée présentait auparavant des collections variées datant principalement du temps des esclaves et de la Reconstruction. Il occupe la Meilleur-Goldthwaite House, également appelée Tremé Villa, une jolie demeure typique de l'architecture créole, dotée de la première cour en briques de la ville. Sur l'arrière, vous verrez des *shotgun houses* (voir l'encadré p. 55) et habitations d'esclaves reconstituées. (504-566-1136 ; www.noaam.org ; 1418 Governor Nicholls St ; adulte/étudiant/enfant 7/5/3 $; 11h-16h mer-sam)

Le Musée de F.P.C. MUSÉE

5 Plan p. 118, D1

Dans une belle demeure néoclassique de 1859 d'Upper Tremé, ce musée retrace l'histoire d'une culture oubliée, celle des "gens de couleur libres" avant l'abolition de l'esclavage, qui a joué un rôle déterminant dans le développement de la ville. Limitée, mais passionnante, la collection comprend

Comprendre

Le Backstreet

Fréquemment qualifiée de ville la plus européenne des États-Unis, La Nouvelle-Orléans est toutefois viscéralement beaucoup plus proche des Caraïbes. La culture afro-américaine locale mêle de multiples traditions populaires, dont beaucoup ont été apportées par les esclaves venus des Caraïbes et, par extension, d'Afrique de l'Ouest.

Ces pratiques ont continué à se développer parmi les Noirs de La Nouvelle-Orléans, qu'ils soient esclaves ou libres. Les lois françaises sur l'esclavage accordaient en effet une plus grande "liberté" d'expression et de maintien des racines ancestrales que dans les autres colonies.

L'ensemble de ces influences forment ce que l'on appelle le Backstreet (littéralement, "clandestin"), un nom qui désigne bien cette partie de la culture de La Nouvelle-Orléans et les communautés afro-américaines qui la perpétuent, une entité toute à la fois distincte et indissociable de la ville.

Tremé est le quartier par excellence du Backstreet. Le Backstreet Cultural Museum (p. 120) permet de découvrir cette culture, dont le vaudou et les Second Lines sont deux éléments importants.

Le vaudou

Loin des clichés de sorcellerie, le vaudou est un culte très pratiqué dans toute La Nouvelle-Orléans, même si l'on ignore le nombre exact d'adeptes. Originaire d'Afrique de l'Ouest, cette religion animiste célèbre les ancêtres et honore tout un panthéon d'esprits et de divinités. Ce sont les esclaves venus d'Afrique et des Caraïbes qui ont apporté le vaudou en Louisiane, où il s'est mélangé au catholicisme. Marie Laveau, la plus célèbre prêtresse vaudou de la ville, est enterrée au St Louis Cemetery No 1 (voir ci-contre) dans une tombe couverte de croix.

Les Second Lines

Les Second Lines ("deuxième ligne") tirent leur nom des cortèges qui suivaient la fanfare en dansant. Aujourd'hui, de pareilles processions ont lieu dans les quartiers afro-américains de la ville tous les dimanches de septembre à juin – et les visiteurs sont toujours les bienvenus. Typiques de la vie locale, ces défilés s'accompagnent de fanfares et de danses débridées – et souvent d'alccol. Consultez la rubrique Takin' It to the Streets' du site www.wwoz.org pour connaître la date et le lieu d'un éventuel Second Line lors de votre visite.

des documents originaux d'esclaves affranchis, par *coartación* (rachat de leur propre liberté) ou en récompense de leurs services, mais également des objets, du mobilier et des œuvres d'art. (Free People of Color Museum ; ☎504-914-5401 ; www.lemuseedefpc.com ; 2336 Esplanade Ave ; visite adulte/étudiant - senior 15/10 $; 🕘12h-16h40 sam-dim)

Esplanade Avenue RUE

6 Plan p. 118, C1

Esplanade Avenue figure parmi les plus jolies rues de la ville, mais demeure pourtant souvent ignorée des visiteurs. Elle se situe dans le prolongement d'Esplanade Ridge. Abritant de nombreuses bâtisses historiques, elle est surnommée la "St Charles Avenue créole". Plantée de grands chênes comme son homologue du Garden District et d'Uptown, Esplanade Ave est bordée de demeures à colonnades de style créole lorsque l'architecture de St Charles Ave rappelle celle des plantations. (entre Rampart St et City Park)

St Louis Cemetery No 1 CIMETIÈRE

7 Plan p. 118, E5

Créé en 1789, le plus vieux cimetière de la ville est d'une beauté toute gothique, avec ses hauts mausolées imposants. Il n'est accessible que dans le cadre de visites guidées. Vous pouvez faire appel à **Save our Cemeteries** (www.saveourcemeteries.org ; 20 $, gratuit -12 ans ; 🕘visites lun-sam 10h, 11h30 et 13h, dim 10h), qui œuvre à la préservation du patrimoine de la ville. (1300 St Louis St)

Se restaurer

Willie Mae's Scotch House CUISINE DU SUD $

8 Plan p. 118, C3

Plusieurs médias culinaires ayant qualifié le poulet frit de Willie Mae's de "meilleur du monde", le flot de touristes ne tarit pas, à juste titre : le poulet est effectivement excellent, de même que les haricots beurre. (2401 St Ann St ; poulet frit 11 $; 🕘10h-17h lun-sam)

Dooky Chase CUISINE DU SUD ET CRÉOLE $$

9 Plan p. 118, C3

Dans les années 1960, le lieu constituait le QG officieux des leaders locaux du mouvement pour les droits civiques et Barack Obama y a mangé après son élection. Personnalité incontournable de Tremé, la patronne, Leah Chase, prépare des buffets mémorables. Employés de bureau et dames de la bonne société se régalent de gumbo et de poulet frit servis sur des tables recouvertes d'élégantes nappes blanches. (☎504-821-0600 ; 2301 Orleans Ave ; buffet 20 $, plats 16-25 $; 🕘11h-15h mar-jeu, 11h-15h et 17h-21h ven)

Cajun Seafood FRUITS DE MER $

10 Plan p. 118, F2

Comme son nom l'indique, cette épicerie vend des fruits de mer crus et des plats cuisinés à emporter, tels que poulet frit, boudin, poisson, à des prix défiant toute concurrence. Les crevettes bouillies et celles qui garnissent les *po'boys* sont toujours gigantesques. (☎504-948-6000 ; 1479 N Claiborne Ave ; plats à emporter 5-19 $; ⏲10h30-21h)

Lil' Dizzy's CUISINE DE LOUISIANE ET CRÉOLE $

11 Plan p. 118, F3

Fondé en 1947, le Lil' Dizzy's est l'une des meilleures adresses de la ville pour le déjeuner. Si l'extérieur ne paie pas de mine, Wayne Baquet y sert une excellente *soul food*, dont un succulent poulet frit, héritage d'une famille qui a œuvré en son temps au patrimoine culinaire de La Nouvelle-Orleans. Les saucisses peuvent décevoir, mais le pudding au pain est divin. (☎504-569-8997 ; www.lildizzyscafe.com ; 1500 Esplanade Ave ; plats petit-déj 7-14 $, déj 10-16 $, buffet 16-18 $; ⏲7h-14h lun-sam, 8h-14h dim)

Sortir

Candlelight Lounge MUSIQUE LIVE

12 Plan p. 118, E4

Au cœur de Tremé, le Candlelight ressemble à un bunker. Simple bar de quartier la plupart du temps, il accueille le Tremé Brass Band, l'un des groupes les plus plaisants de la ville (10 $ de participation) tous les mercredis (et d'autres jours parfois) à partir de 22h. Idéal pour découvrir la musique locale. (☎504-525-4728 ; 925 N Robertson St ; ⏲14h-tard)

Mahalia Jackson Theater THÉÂTRE

13 Plan p. 118, F4

Cette salle accueille les spectacles de la **New Orleans Ballet Association** (www.nobadance.com) et du **New Orleans**

Comprendre

Congo Square

Aujourd'hui intégré au Louis Armstrong Park (p. 120), Congo Sq était autrefois connu sous le nom évocateur de "Place des Nègres". À l'époque coloniale française, les esclaves étaient autorisés à se rassembler sur cette place pavée le dimanche. Ce temps de repos devint ainsi un temps de célébration et de préservation des rites africains. C'était certainement à l'époque les plus grandes démonstrations de la culture africaine traditionnelle en Amérique du Nord, les esclaves n'ayant pas le droit de pratiquer leurs cultes ou leur musique dans les colonies d'Amérique.

Les Américains interdirent ces rassemblements lorsqu'ils prirent le contrôle de La Nouvelle-Orléans, mais les différents rites avaient déjà fortement imprégné la musique de la ville. À la fin du XIXe siècle, des *brass bands* associaient rythmes africains et musique occidentale et finirent par donner naissance au jazz, lui-même à l'origine de la pop music (R'n'B, rock'n'roll, et même le hip-hop) du XXe siècle.

Gumbo cajun aux crevettes et à la saucisse

Opera (www.neworleansopera.org), mais programme également des pièces qui ont été jouées à Broadway. (504-525-1052, réservations 504-287-0350 ; www.mahaliajacksontheater.com ; 1419 Basin St)

K-Doe's Mother-in-Law Lounge

BAR

14 ☆ Plan p. 118, F2

Ernie K-Doe, chanteur de La Nouvelle-Orléans resté célèbre pour sa chanson *Mother-in-Law*, avait l'habitude de se proclamer "empereur de l'univers". Son bar foisonne d'objets hétéroclites à sa gloire et à celle de son épouse. Appartenant désormais au trompettiste Kermit Ruffins, il reste l'un des bars les plus surprenants de la ville. (504-947-1078 ; 1500 N Claiborne Ave ; 17h-tard)

Saenger Theatre

THÉÂTRE

15 ☆ Plan p. 118, F5

La façade de ce théâtre a été conçue en 1927 par l'architecte néo-orléanais Emile Weil. Restauré et réaménagé, c'est aujourd'hui le lieu de spectacle le plus élégant de la ville. (504-525-1052 ; www.saengernola.com ; 143 N Rampart St)

Les incontournables
Barataria Preserve

Comment y aller

30 minutes depuis le CBD : empruntez la BUS 90 pour traverser le pont sur le Mississippi, puis sortez sur la Hwy 45 (Barataria Blvd ; sortie 4B) et continuez 15 km. Le centre des visiteurs est sur la droite.

À une trentaine de kilomètres au sud de La Nouvelle-Orléans, cette réserve permet une introduction fascinante au bayou, cet écosystème si emblématique du sud de la Louisiane. Des ragondins, des grenouilles, des anolis, une multitude d'insectes et – bien sûr – des alligators peuplent ces 9 300 ha de marais, de forêt inondée et de marécages, dominés par les cyprès chauves couverts de mousse espagnole. Elle fait partie du Jean Lafitte National Historical Park and Preserve. Le célèbre flibustier, qui s'illustra notamment lors de la bataille de La Nouvelle-Orléans, s'était établi dans ce bayou, difficile d'accès.

Alligator prenant le soleil, Jean Lafitte National Park

À ne pas manquer

Sentiers

La réserve est parcourue de 9 sentiers courts (de 700 m à 3 km), dont 3 sont accessibles en fauteuil roulant. Si certains sont équipés de chemins de planche permettant de marcher au-dessus des zones inondées, d'autres ne sont praticables que par temps sec. Accessible à tous, celui longeant le bayou Coquille permet notamment de voir un cyprès chauve vieux de 600 ans, le "roi des marais". Ces arbres, bien adaptés aux milieux humides, se reconnaissent aux excroissances aériennes de leurs racines, les pneumatophores, qui leur permettent de respirer lorsque la terre est recouverte d'eau.

Faune

Si les écureuils sont légion, lynx, cerfs ou grenouilles sont bien plus discrets et se fondent à merveille dans le paysage – mais l'on peut aussi tomber sur un alligator faisant la sieste au beau milieu d'un sentier. Les anolis – sorte de lézards – ont même développé la capacité de changer de couleur en fonction de leur humeur. Dans les zones qui ne sont inondées qu'en hiver, vous pourrez apercevoir à la période sèche de petits monticules de boue laissés par les écrevisses, qui s'enfouissent dans le sol humide. Enfin, n'oubliez pas de lever le nez : des pygargues à tête blanche – l'emblème des États-Unis – se postent parfois sur la cime des arbres en bordure des canaux, et la réserve compte plus de 200 espèces d'oiseaux.

Visites guidées

Du mercredi au dimanche, chaque jour à 10h, des visites guidées (en anglais) menées par un ranger emmènent les visiteurs à la découverte de la faune et de la flore du parc, mais également de son histoire. Rendez-vous un peu avant au centre des visiteurs pour savoir d'où la visite partira.

504-689-3690

www.nps.gov/jela/barataria-preserve.htm

gratuit

parkings 9h-17h tlj ; centre des visiteurs 9h30-16h30 mer-dim

À savoir

- La réserve est fermée le jour de Mardi Gras.
- Il est interdit de manger sur les sentiers du parc.
- Lors de notre passage, il n'était plus possible de faire du canoë dans le parc, car les canaux étaient obstrués par la végétation.
- Les moustiques, particulièrement bien représentés l'été, habitent également la réserve : équipez-vous en conséquence.

La Nouvelle-Orléans
selon ses envies

Les plus belles balades

Envie de...

Fête sur Congo Square (p. 124), Louis Armstrong Park
KRIS DAVIDSON/LONELY PLANET ©

Les plus belles balades
Balcons et cours

Itinéraire

Unique aux États-Unis, l'architecture du Vieux Carré et des quartiers alentours (Faubourg Marigny, Bywater et Tremé) mêle influences créoles, françaises et espagnoles. Au cours de cette balade, vous verrez notamment les balcons et la profusion d'éléments en fer forgé, qui brouillent volontairement la limite entre espace privé et public. La plupart des demeures que vous verrez cachent une cour, un élément architectural apporté par les Espagnols, qui avaient eux-mêmes repris cette tradition des Maures établis dans la péninsule Ibérique de 711 à 1492.

Départ Cake Café & Bakery

Arrivée Gallier House Museum

Distance 1,1 km ; 1 heure 30

Une petite faim ?

Si cette adresse ne paie pas de mine, Verti Marte (p. 38) prépare d'excellents *po'boys* à emporter. Mention spéciale au All That Jazz.

Architecture caractéristique du Vieux Carré

1 Cake Café & Bakery

Commencez par un petit-déjeuner au **Cake Café & Bakery** (p. 51), dans le Faubourg Marigny, puis remontez Chartres St en direction du Vieux Carré.

2 Maisons de Chartres St

La rue est bordée de *shotgun houses* (tout en longueur, sans couloir avec les pièces en enfilade ; voir l'encadré p. 55) et de petites maisons créoles bien plus modestes que les demeures du Vieux Carré – le quartier était autrefois celui des immigrés et des gens de couleur libres. Voyez notamment au **n°2215** un bel exemple de *shotgun house* ; celle des **n^{os}2211-2213** est de type *double-barrel* : deux *shotgun houses* réunies dans un seul bâtiment. Au **n°2209** se dresse une petite maison créole typique : une habitation de plain-pied surmontée d'un toit à pignon.

3 Lower Quarter

Esplanade Ave marque le début du Vieux

Carré et l'architecture change : le bois laisse place à la brique et les maisons basses aux immeubles d'habitation à plusieurs étages caractéristiques du quartier, tels que ceux des n^os^ **1321**, **1231** et **1229** de Charles St. Remarquez les balcons en fer forgé, plus ou moins ouvragés.

❹ Beauregard-Keyes House

Les plus belles cours du Vieux Carré demeurent à l'abri des regards. En regardant à travers la grille du mur, on aperçoit le jardin de la **Beauregard-Keyes House** (p. 36), édifiée en 1826. Vous pourrez le visiter si vous payez le droit d'entrée pour la demeure, dont l'intérieur vaut également le détour.

❺ Ursuline Convent

Construit en 1752, ce **couvent** (p. 34) est l'un des rares édifices de la ville à dater de l'ère française. D'inspiration européenne, cet imposant bâtiment en pierres ne présente ni les couleurs ni les éléments favorisant la ventilation des édifices créoles du quartier. Une cour s'ouvre derrière le bâtiment principal.

❻ Gallier House Museum

Plusieurs bâtiments de La Nouvelle-Orléans ont été dessinés par les architectes James Gallier père et fils, qui ont apporté une touche néoclassique aux éléments architecturaux français, espagnols et créoles du Vieux Carré. La **maison** (p. 34) de James Gallier fils est un bel exemple de son style.

Les plus belles balades

Flânerie dans le Garden District

Itinéraire

La vente de la Louisiane en 1803 généra des tensions entre colons et Américains. Évitant les quartiers créoles, les "nouveaux propriétaires" s'installèrent de l'autre côté de Canal St et établirent des plantations en amont du fleuve, au-delà du Vieux Carré. Grâce au commerce, ces communautés se développèrent rapidement. Ce sont ces plantations, divisées en parcelles et en jardins, qui forment aujourd'hui le Garden District. Pour impressionner les créoles, mais aussi pour rendre hommage aux fondateurs de la démocratie, les habitants édifièrent d'oppulentes demeures néoclassiques avec de larges porches et des balcons à colonnade.

Départ
Goodrich-Stanley House

Arrivée
Walter Grinnan Robinson House

Distance
1,6 km ;
2 heures 30

Une petite faim ?

L'Avenue Pub (p. 84) propose une large sélection de bières et de bons plats.

ROBERT HOLMES/CORBIS ©

House of Broel

1 Goodrich-Stanley House

Construite à quelques *blocks* de là en 1837, cette belle demeure fut déplacée à son emplacement actuel (1729 Coliseum St) en 1981. Elle fut achetée en 1858 par Henry Hope Stanley, marchand de coton d'origine britannique, qui y éleva son fils adoptif, Henry Morton. Journaliste et explorateur, ce dernier s'illustra en retrouvant la trace du Dr David Livingstone.

2 Grace King House

À une centaine de mètres (1749 Coliseum St), cette maison sur deux niveaux aux tons rose orangé présente une façade inhabituelle – remarquez les fenêtres disposées en arc – et une série de colonnes à chaque étage – ioniques en bas, corinthiennes à l'étage. Bâtie en 1847, elle doit son nom à une écrivaine louisianaise qui y habita de 1905 à 1932.

3 House of Broel

Édifiée dans les années 1850, la **House**

of Broel (p. 80) fut surélevée en 1884 afin d'ajouter un étage au bâtiment initial de deux niveaux – le propriétaire souhaitant pouvoir organiser des fêtes grandioses pour ses trois filles. La maison se découvre lors de visites guidées, qui permettent également de découvrir son étonnante collection de maisons de poupée.

4 McGehee School for Girls

Au 2343 Prytania St, la **Bradish Johnson House** est désormais occupée par une école pour filles. Construite en 1872 par l'architecte James Freret, elle emprunte au style Second Empire, massif et imposant.

5 Brevard House

Au 1239 First St, la **Brevard House** se teinte parfois pour le promeneur d'un halo de mystère… Construite en 1857, cette belle demeure néo-classique, aux galeries à colonnade et aux garde-corps en fer forgé, fut un temps la propriété d'Anne Rice. L'auteur y situa même l'action d'un de ses romans, *Le Lien maléfique*.

6 Walter Grinnan Robinson House

Sise dans une partie plus "modeste" de Thrid St (au n°1415), cette vaste demeure aux larges galeries à colonnes se démarque nettement. Conçue en 1859 par l'architecte néo-orléanais Henry Howard, elle combine des éléments néoclassiques d'inspiration grecque à un style italianisant.

Envie de... Gastronomie

À la croisée des cuisines françaises, créoles, africaines, cajuns et espagnoles, la gastronomie du sud de la Louisiane reflète le cosmopolitisme de La Nouvelle-Orléans. La ville aime manger, tout comme elle aime faire siennes les cuisines venues d'ailleurs.

Né dans le bayou

Les colons qui débarquèrent en Louisiane durent composer avec le bayou, la forêt et les prairies et inventèrent une cuisine nouvelle, intimement liée à cet environnement. C'est sans doute pourquoi l'on entend parfois que la palette culinaire de la ville se limite à ses propres spécialités ou qu'on y compte des milliers de restaurants qui préparent tous les trois mêmes plats. Dépassez ces clichés : de nombreux restaurants servent une "nouvelle cuisine néo-orléanaise", teintée d'influences internationales. Et le nombre d'adresses de cuisine du monde ne cesse de grandir.

Spécialités...

Citons notamment le **gumbo**, ragoût relevé aux légumes et aux crevettes, le **jambalaya**, préparation d'ingrédients sautés (jambon, poulet, légumes, crevettes...) et de riz, le **tasso**, jambon fumé épicé, et l'**étouffée**, préparation de crustacés en sauce servie avec du riz. Le **po' boy** est quant à lui une sorte de baguette généralement garnie de fruits de mer frits ou de viande de bœuf.

... et influences internationales

Les migrants amenèrent en ville des saveurs nouvelles : la *muffuletta*, sandwich aux olives et légumes marinés et garni de charcuterie, y fut créée par des Siciliens, les Vietnamiens initièrent les habitants au *pho* et les Allemands léguèrent à la ville un goût immodéré des saucisses.

IAIN BAGWELL/GETTY IMAGES ©

Petit-déjeuner

Surrey's Juice Bar
Excellents jus de fruit et petits-déjeuners copieux, très appréciés des étudiants. (p. 81)

Cake Café & Bakery
Cet établissement du Faubourg Marigny se repère à sa file d'attente. (p. 51)

Végétarien

Pizza Delicious
Délicieuse pizza au fromage ; options végétariennes. (p. 50)

Green Goddess Carte éclectique et atmosphère bon enfant en plein cœur du Vieux Carré. (p39)

Po'boys

Mahony's Po-Boy Shop
Le fameux sandwich, en version classique ou plus originale. (p. 96)

À gauche : *po'boy* aux fruits de mer ; ci-dessus : jambalaya cajun

Domilise's Po-Boys Une bicoque pleine de charme et la bonne odeur des fruits de mer frits. (p. 98)

Guy's Un lieu à l'ancienne où tous les sandwichs sont préparés à la demande. (p. 98)

Parkway Tavern Véritable institution, pour des sandwichs concoctés dans les règles de l'art. (p. 112)

Classiques de la cuisine créole

Dooky Chase La quintessence de la cuisine créole afro-américaine, dans Tremé. (p. 123)

Gautreau's Cuisine gastronomique du Sud à base de bons produits frais, dans un cadre intime. (p. 96)

Clancy's Ce restaurant très prisé d'Uptown sert les classiques de la cuisine néo-orléanaise. (p. 96)

Restaurant August L'établissement le plus chic du chef John Besh, raffiné et délicieux. (p. 67)

Restaurants romantiques

Café Degas Cuisine française classique servie dans une cour ombragée. (p. 112)

Bacchanal Vins et fromages dégustés sous les étoiles en écoutant de la musique live. (p. 50)

Bayona Excellente association de produits locaux et d'influences internationales au cœur du Vieux Carré. (p. 36)

Vaut le détour

Au sud de la ville, sur la Westbank, le **Tan Dinh** (504-361-8008 ; 1705 Lafayette St, Gretna ; plats 8-17 $; 9h30-21h lun, mer-ven, 9h-21h sam, 20h dim) n'a pas de cachet particulier mais est très prisé des habitants d'origine vietnamienne. Il prépare des plats d'un bon rapport qualité/prix aux saveurs incomparables. Goûtez les ailes de poulet au beurre d'ail et les côtelettes de porc à la coréenne.

Envie de... Musique

Indissociable de l'histoire de la ville, la musique est l'âme de La Nouvelle-Orléans et le reflet de ses nombreuses influences et cultures. Et elle est partout : dans les rues, dans les bars, dans les clubs, dans les églises... Ici, la vie sociale est très souvent associée à un bon concert.

Le jazz, fils de la diversité

La diversité ethnique de la ville a permis des échanges, des emprunts et une innovation musicale constante. Les traditions musicales et culturelles des esclaves purent se transmettre grâce aux rassemblements de Congo Sq (voir l'encadré p. 124) – parfois considéré comme le lieu de naissance spirituel du jazz. Les esclaves affranchis adaptèrent les instruments à anche, à cordes et les cors utilisés par les créoles pour jouer une musique européenne teintée d'influences africaines. À la fin du XIXe siècle, Buddy Bolden jeta les bases du jazz en mélangeant les rythmes syncopés du ragtime, le gospel et les marches des fanfares militaires – le tout mâtiné d'improvisation et marqué par une prédominance des cuivres. Son groupe devint rapidement l'un des plus prisés de la ville et influença nombre de musiciens – dont quelques Néo-Orléanais illustres, comme Louis Armstrong et Sidney Bechet.

Brass bands

Héritiers des fanfares militaires qui se développèrent au milieu du XIXe siècle, les *brass bands* accompagnaient les événements – carnaval, fêtes, funérailles... Si les marches, les standards du jazz ou encore les musiques de danse sont leur répertoire "classique", certains, comme Rebirth, n'hésitent pas à fusionner les genres et mélangent allègrement jazz, funk, hip-hop et R'n'B.

KRIS DAVIDSON/LONELY PLANET ©

À savoir

- La radio WTUL, sur 91.5 FM, est la station de l'université de Tulane. Elle offre une programmation variée, généralement de bonne qualité. Surnommée O-Z, WWOZ, sur 90.7, pilier de la scène musicale de la ville, diffuse les musiciens locaux.

- Si le jazz est né à La Nouvelle-Orléans, la ville fut également précurseur dans d'autres domaines musicaux : elle fut ainsi la première ville américaine à assister à des opéras, dès la fin du XVIIIe siècle.

KRIS DAVIDSON/LONELY PLANET ©

À gauche : Snug Harbor ; ci-dessus : défilé Second Line (p. 122)

Zydeco

Assez proche d'une musique cajun – apportée par les migrants francophones d'Acadie lors du Grand Dérangement – additionnée de R'n'B et de country, le zydeco naquit dans les années 1930. Les groupes se composent pratiquement toujours d'un violon, d'un accordéon, d'une guitare et d'un triangle. Les percussions comprennent généralement un frottoir, planche en métal tenue comme un bouclier et sur laquelle on tape avec des cuillères. Ne manquez pas les soirées zydeco organisées le jeudi au Rock & Bowl, dans Mid-City.

Chickie Wah Wah Groupes éclectiques dans cette institution de Mid-City. (p. 114)

Preservation Hall L'un des meilleurs clubs pour des standards du jazz. (p. 42)

Old US Mint De formidables concerts ; certains sont gratuits. (p. 32)

Brass bands

d.b.a. Bonnes bières et bons groupes. (p. 53)

Freret Street Publiq House Concerts de qualité dans Freret St. (p. 99)

Tipitina's L'un des lieux de concert légendaires de La Nouvelle-Orléans. (p. 100)

Hi Ho Lounge Pour découvrir de jeunes talents. (p. 54)

Candlelight Lounge La salle où se produit l'excellent Tremé Brass Band. (p. 124)

Jazz

Spotted Cat Pour écouter du jazz en sirotant un verre. (p. 54)

Snug Harbor Un club chic pour la musique dans un cadre romantique. (p. 54)

Zydeco

Mid-City Rock & Bowl Bowling et zydeco, une bonne soirée en perspective. (p. 114)

Tipitina's Soirée cajun toutes les semaines. (p. 100)

House of Blues Concerts réguliers de groupes de toute la Louisiane. (p. 42)

Envie de... Shopping

Laissez de côté les T-shirts d'un goût douteux vendus dans le Vieux Carré. La ville compte suffisamment de boutiques intéressantes– objets vintage, avant-gardistes, décoratifs ou kitsch, vêtements... – pour dénicher un souvenir original ou vous déguiser pour Mardi Gras.

LONELY PLANET/GETTY IMAGES ©

Le kitsch dans toute sa splendeur

Si certains objets, vêtements ou costumes remportent involontairement la palme du mauvais goût, d'autres sont volontairement kitsch, la ville cultivant un certain esprit de dérision.

L'art au sens large

La musique fait vibrer la ville, qui recèle de bons magasins de vinyles et d'instruments. La Nouvelle-Orléans s'illustre aussi par une vie littéraire dynamique et comprend un bon nombre de librairies indépendantes.

Cadeaux décalés

Frenchmen Art Market Créations artisanales, bijoux, vêtements... (p. 50)

Fifi Mahony's Perruques et coiffes. (p. 43)

I.J. Reilly's Bibelots, artisanats, livres, CD, souvenirs... (p. 54)

Livres et musique

Tubby & Coos Librairie spécialisée dans la science-fiction, le fantastique et l'horreur. (p. 115)

Crescent City Comics Temple de la BD et du roman graphique. (p. 101)

Louisiana Music Factory Pour tout connaître de la musique locale. (p. 55)

Euclid Records Magasin de disques qui comble tous les amateurs de musique. (p. 55)

Vêtements et costumes

Funky Monkey Friperie et vêtements délirants. (p. 84)

Uptown Costume & Dancewear Pour dénicher les costumes les plus fous. (p. 101)

SoPo Excellente illustration de la culture et de la créativité du sud de la Louisiane. (p. 115)

Envie de... Bars et clubs

Les bars de La Nouvelle-Orléans, du plus ordinaire au plus chic, semblent avoir un supplément d'âme...

Quel prix ?

Une bière coûte rarement plus de 5 $. Les bières locales sont même parfois à moins de 3 $. Comptez 6 $ au maximum pour un cocktail, de 3 à 5 $ pour un alcool fort. Les crus servis dans les bars à vins sont parfois chers, mais généralement d'excellente qualité.

Bars, clubs et lounges

La plupart des bars de la ville sont souvent plutôt des troquets. Non qu'ils soient sales ou peu engageants (même si c'est le cas de certains), mais ce sont des établissements de quartier où l'on vient avant tout boire un coup et pas forcément engager la conversation. Si vous êtes seul et souhaitez lier connaissance, optez plutôt pour un lounge. Cela dit, certains bars, comme le Mimi's dans le Faubourg Marigny, conviennent parfaitement pour prendre un verre après le travail et faire éventuellement des rencontres agréables.

Cuisine de bar

Sylvain Excellents plats de gastro-pub. (p. 38)

Lost Love Cuisine vietnamienne et bar sympathique. (p. 52)

Mimi's in the Marigny Petites assiettes créatives. (p. 52)

Twelve Mile Limit Rien de mieux qu'une viande au barbecue pour accompagner une bière. (p. 113)

Bière

Avenue Pub Grande sélection de bières et bonne cuisine. (p. 84)

Freret Street Publiq House Un incontournable de Freret St. (p. 99)

d.b.a. Très grand choix de bières et musique live. (p. 53)

NOLA Brewing Un grand choix de bières, brassées avec amour – et fierté – à La Nouvelle-Orléans. (p. 84)

Cocktails

Tonique Pour des cocktails hors catégorie. (p. 39)

French 75 Un classique du Vieux Carré. Goûtez le cocktail éponyme ! (p. 40)

Cure Le bar à cocktails qui a tout changé dans Freret St. (p. 99)

Twelve Mile Limit Bar de quartier sans prétention. (p. 113)

Treo Pour savourer un bon cocktail en admirant des œuvres d'art. (p. 113)

Envie de… Scène gay et lesbienne

Plutôt conservatrice, la Louisiane a pourtant accouché d'une des villes les plus progressistes du pays. La "capitale gay du Sud" est un exemple de tolérance et d'ouverture d'esprit. Le Vieux Carré et le faubourg Marigny sont parmi les principaux quartiers fréquentés par les LGBT.

KYLIE MCLAUGHLIN/GETTY IMAGES ©

Une longue tradition LGBT

La Nouvelle-Orléans jouit depuis longtemps d'une réputation de tolérance et attirent toujours les jeunes gays et lesbiennes de villes plus conservatrices – Tennessee Williams dira même de la ville qu'elle était devenue sa "demeure spirituelle". Largement cachée jusque-là, la communauté homosexuelle devint plus visible en ville dans les années 1930, avec l'ouverture de bars "gay-friendly" avant l'heure. Un Krewe de Mardi Gras spécifiquement gay fut créé en 1958, bientôt rejoint par d'autres. La ville fut l'une des premières du pays à inscrire l'interdiction des discriminations fondées sur l'identité sexuelle dans la loi.

Adresses gays

Faubourg Marigny Book Store La plus ancienne librairie gay du sud de l'Amérique. (p. 55)

Bourbon Pub & Parade Musique kitsch et bonne ambiance. (p. 42)

Oz Piste de danse accueillant toutes les générations. (p. 43)

Country Club Piscine extérieure, sauna et bar agréable. (p. 52)

Adresses gay-friendly

Fifi Mahony's Boutique de perruques très appréciée de la communauté gay et transsexuelle. (p. 43)

Frenchmen Street Lieu de sortie et de concerts ouvert à tous. (p. 49)

Twelve Mile Limit Bar de quartier à la clientèle et au personnel très accueillants. (p. 113)

Bacchanal Bar à vins idéal pour un concert, à accompagner d'un plateau de fromage. (p. 50)

Envie de... Sorties avec des enfants

Avec ses rues décorées de perles multicolores, ses nombreuses fêtes déguisées et l'omniprésence de la musique, La Nouvelle-Orléans est une ville de conte de fées. La fantaisie et l'extravagance qu'apprécient tant les poètes et les artistes dans la ville devraient également séduire l'imaginaire des enfants.

Parcs et aires de jeux

Jackson Square Beignets, pelouse et artistes de rue. (p. 28)

City Park Aires de jeux, sentiers et grands chênes verts. (p. 106)

Alcee Fortier Park Des fêtes destinées aux familles sont régulièrement organisées dans ce parc. (p. 112)

Crescent Park Au bord du Mississippi, ouvert aux animaux avec de l'espace pour les enfants. (p. 49)

Audubon Park Vastes pelouses et grands arbres. (p. 92)

Activités de plein air

Audubon Zoo Un zoo où l'on peut passer des journées entières. (p. 90)

Storyland Des personnages de conte de fées au cœur de City Park. (p. 107)

Lafayette Cemetery No 1 L'atmosphère impressionnante du lieu peut plaire à ceux qui aiment se faire peur. (p. 74)

En cas de pluie

National WWII Museum Les nombreuses activités interactives intéresseront les plus grands. (p. 58)

Aquarium of the Americas Pingouins, perruches et un alligator blanc très rare. (p. 68)

JUDY BELLAH/GETTY IMAGES ©

À savoir

- **Bagages** D'avril à octobre, le climat de La Nouvelle-Orléans peut s'avérer très chaud et humide. Prévoyez des vêtements légers pour les enfants.
- **Poussettes** Les trottoirs mal entretenus de la ville n'épargnent pas les poussettes. Optez pour un modèle solide facile à manœuvrer.
- **Chaises hautes** La plupart des restaurants ont des chaises hautes et des réhausseurs et accueillent les enfants avec plaisir. Téléphonez : certains n'acceptent pas les moins de 21 ans.

Envie de... Architecture

Le paysage urbain de La Nouvelle-Orléans se distingue totalement de celui des autres villes américaines, principalement en raison du nombre de ses bâtiments anciens. Si le Vieux Carré et le Garden District sont les quartiers les plus représentatifs de son architecture, Tremé, le faubourg Marigny ou l'Irish Channel comptent également de petits trésors.

Topologie

Bien que le Vieux Carré et le Garden District ne soient pas les seuls quartiers à abriter de beaux exemples architecturaux et qu'un grand nombre de bâtiments mélangent différents styles, ils illustrent parfaitement les différences qui existaient entre les secteurs créole et américain de la ville. 158 sites de la ville sont classés.

Les faubourgs créoles

Le Vieux Carré et les faubourgs créoles (Marigny, Bywater et Tremé) qui bordent le Mississippi depuis Canal St comptent un grand nombre de bâtiments en briques et en stuc de différents styles qui sont caractéristiques de La Nouvelle-Orléans. C'est là que vous verrez ces fameuses demeures caribéennes aux couleurs acidulées.

L'élégance d'Uptown

De l'autre côté de la BUS 90, en face du CBD, les belles et luxueuses maisons du Garden District rappellent les élégantes demeures sudistes. Elles deviennent de plus en plus opulentes au fur et à mesure que l'on pénètre plus avant dans le Garden District et puis dans Uptown.

À savoir

▶ **Green Project** (☎504-945-0240 ; 2831 Marais St ; ⏲9h-17h lun-sam) vend des matériaux de construction collectés sur des propriétés abandonnées ou en ruine. Un bon moyen de préserver l'héritage de la ville.

JOHN ELK/GETTY IMAGES ©

À gauche : architecture néo-orléanaise ; ci-dessus : balcon décoré du Vieux Carré

Architecture du XIXe siècle et moderne

New Orleans Museum of Art Ce bâtiment imposant est lui-même une œuvre néoclassique. (p. 110)

Marigny Opera House La compagnie de théâtre occupe l'ancienne Holy Trinity Catholic Church. (p. 53)

Esplanade Avenue De beaux exemples de maisons à double galerie et de demeures créoles. (p. 123)

National WWII Museum Infrastructure moderne avec de hauts plafonds et des verrières. (p. 58)

Ogden Museum of Southern Art Le hall principal est un bel exemple d'architecture aérienne et lumineuse. (p. 60)

McKenna Museum of African American Art Jolie demeure historique de deux étages, non loin de St Charles Ave. (p. 80)

Architecture coloniale

Ursuline Convent L'architecture coloniale française dans toute sa splendeur. (p. 34)

Cabildo L'ancien siège du gouvernement a été construit par les Espagnols. (p. 26)

Gallier House Museum Une demeure historique qui associe différents styles architecturaux néo-orléanais. (p. 33)

Royal Street Nombreuses maisons créoles ornées de balcons en fer forgé et dotées de cours luxueuses. (p. 24)

Jackson Square Flanquée de quelques-uns des plus beaux édifices de la ville. (p. 28)

Irish Channel Nombreuses *shotgun houses* (maisons toute en longueur, composée d'une série de pièces en enfilade sans couloir). (p. 80)

Preservation Resource Center Informations sur l'architecture de la ville. (p. 66)

Pitot House Maison du bayou St John, caractéristique du style créole. (p. 110)

Old US Mint Ancienne monnaie de la ville, qui frappa également des devises confédérées. (p. 32)

Cathédrale Saint-Louis Cathédrale de style français, emblématique de la ville. (p. 29)

Envie de… Circuits organisés

Bien qu'elle se visite aisément de manière indépendante, La Nouvelle-Orléans possède aussi des trésors cachés, que seule une visite guidée peut dévoiler. Voici notre sélection de circuits organisés, qui peuvent vraiment apporter une touche supplémentaire à votre voyage.

Visite de la ville

Friends of the Cabildo (☎504-523-3939 ; www.friendsofthecabildo.org ; 523 St Ann St ; adulte/étudiant 20/15 $; ⌚10h et 13h30 mar-dim). Visites à pied du Vieux Carré guidées par des bénévoles cultivés.

Soul of Nola (☎504-905-4999 ; www.soulofnola.com; à partir de 100 $/h). Cassandra Snyder propose des circuits personnalisés axés sur la culture et les lieux secrets de la ville.

Confederacy of Cruisers (☎504-400-5468 ; www.confederacyofcruisers.com ; circuits à partir de 49 $). Balades à vélo dans des quartiers authentiques de La Nouvelle-Orléans.

Tours by Judy (☎504-416-6666 ; www.toursbyjudy.com ; circuits à partir de 15 $). Judy Bajoie, ancienne professeure d'histoire, sait partager son amour de la ville.

New Orleans Culinary History Tours (☎877-278-8240 ; www.noculinarytours.com ; circuits à partir de 46 $). À la découverte de la gastronomie de la ville.

American Photo Safari (☎504-298-8876 ; www.americanphotosafari.com ; Jackson Sq, à côté de St Louis Cathedral ; circuits 69 $). Pour découvrir la ville tout en s'initiant à la photographie.

Signalons également les visites en français proposées par **Le Monde Créole** (☎504-286-0786, 504-232-8559 ; www.mondecreole.com), vivantes et remplies d'anecdotes.

KYLIE MCLAUGHLIN/GETTY IMAGES ©

Découverte des marécages

Louisiana Lost Land Tours (☎504-400-5920 ; lostlandstours.org ; circuits à partir de 95 $). Très instructifs, ces superbes circuits dans les marais– notamment en kayak – sont menés par des guides respectueux de l'environnement. L'accompagnateur peut emmener 3 personnes dans sa voiture (appelez avant), mais il est préférable d'être motorisé.

Signalons également les promenades gratuites menées par un ranger dans la **Barataria Preserve** (voir p. 127).

Envie de... Fêtes et festivals

Nul doute : la ville n'a pas besoin d'excuse pour faire la fête... Toutefois, les festivités qui rythment le calendrier de La Nouvelle-Orléans donnent lieu à des manifestations souvent exubérantes, durant lesquelles l'âme de la ville et ses multiples cultures s'expriment pleinement.

RAY LASKOWITZ/GETTY IMAGES ©

Mardi Gras (www.mardigrasneworleans.com). En février ou début mars, Mardi Gras marque l'apogée de la période du carnaval. En 2016, il se tiendra le 9 février ; en 2017, le 28 février ; en 2018, le 13 février.

Jazz Fest (www.nojazzfest.com; avr-mai). Dernier week-end d'avril et premier week-end de mai ; événement de renommée mondiale mettant à l'honneur musique, gastronomie, artisanat et art de vivre.

French Quarter Festival (www.fqfi.org). Deuxième week-end d'avril ; nombreux concerts gratuits.

Gay Pride New Orleans (www.gaypridenew orleans.com). En juin, célébrée dans toute la ville.

New Orleans Arts District Arts Walk (www.neworleansartsdistrict.com ; Julia St ; 1er sam du mois). Tous les premiers samedis du mois, à partir de 18h, les galeries de l'Arts District ouvrent leurs portes pour parler d'art autour d'un verre.

St Joseph's Day – Super Sunday (mars). Le 19 mars et le dimanche le plus proche de cette date, des groupes défilent lors du Mardi Gras amérindien dans leurs costumes de plumes au son des tambours. La parade du Super Sunday démarre généralement vers midi aux alentours du bayou Saint John et d'Orleans Ave, mais ne suit pas un itinéraire fixe.

St Patrick's Day (www.stpatricksdayneworleans.com ; mars). Le 17 mars et le week-end le plus proche ont lieu des parades irlandaises.

Tennessee Williams Literary Festival (www.tennesseewilliams.net). Débats littéraires, représentations théâtrales et festivités rendent hommage à l'œuvre de l'auteur pendant 5 jours, en mars.

Envie de... Parcs et jardins

Le monde végétal occupe une place importante à La Nouvelle-Orléans, des racines courent sous les trottoirs et le feuillage des chênes verts forme une voûte au-dessus de nombreuses rues. La ville compte aussi un grand nombre de parcs.

Un royaume vert

À La Nouvelle-Orléans, la nature semble toujours conserver un caractère sauvage et indomptable, même dans les espaces verts aménagés. Tout petits, les enfants apprennent à ne pas rester sous les longs filaments de la mousse espagnole, qui s'accrochent aux cheveux, ou à éviter les mottes de terre, qui pourraient dissimuler des fourmis rouges. Ils apprennent aussi à ne pas avoir peur en voyant un alligator dans un bras d'eau du City Park. Bien que maîtrisée, la nature reste ici toujours belle et vivante.

City Park Le plus grand parc de la ville est magnifique. (p. 106)

Audubon Park Chênes verts, mousse espagnole et étudiants flânant au soleil. (p. 92)

Crescent Park Parc très apprécié pour flâner le long du Mississippi. (p. 49)

Alcee Fortier Park Ancien terrain vague transformé en un joli jardin. (p. 112)

Sydney & Walda Besthoff Sculpture Garden De beaux exemples de la sculpture moderne sont exposés dans ce jardin attenant au New Orleans Museum of Art. (p. 110)

Botanical Gardens Beaux exemples de plantes. (p. 107)

ANDRE KNUDSEN/GETTY IMAGES ©

Audubon Zoo À visiter par beau temps pour découvrir l'ensemble du parc animalier. (p. 90)

Louis Armstrong Park Accueille souvent des concerts. (p. 120)

Envie de... Musées

Si La Nouvelle-Orléans est surtout connue pour son sens de la fête et son côté hédoniste, elle peut aussi se targuer de posséder des musées et des galeries de qualité.

Beaux-arts

New Orleans Museum of Art Musée des beaux-arts le plus important de la ville, au cœur du City Park. (p. 110)

Ogden Museum of Southern Art Collections permanentes et temporaires consacrées à l'art du sud des États-Unis. (p. 60)

Contemporary Arts Center Nombreuses expositions et événements tout au long de l'année autour de l'art contemporain. (p. 66)

Sydney & Walda Besthoff Sculpture Garden Jardin de sculptures du New Orleans Museum of Art. (p. 110)

Histoire

Cabildo Vaste collection d'objets et de documents retraçant l'histoire de la Louisiane. (p. 26)

The Historic New Orleans Collection Témoignages du passé de la ville. (p. 32)

National WWII Museum Nombreuses expositions retraçant la Seconde Guerre mondiale de façon interactive. (p. 58)

Presbytère L'histoire de Mardi Gras et son importance dans l'identité culturelle de la ville. (p. 33)

Gallier House Museum Plongée dans l'architecture du Vieux Carré. (p. 34)

IMAGE COURTESY OF NEW ORLEANS MUSEUM OF ART ©

Enfants

Aquarium of the Americas Pour découvrir le monde aquatique et voir des alligators de près. (p. 68)

Sydney & Walda Besthoff Sculpture Garden Les enfants peuvent courir et jouer dans les allées. (p. 110)

New Orleans Museum of Art Organise souvent des événements à l'intention des familles. (p. 110)

Backstreet Cultural Museum Tenu par des bénévoles, ce musée mettant notamment à l'honneur les déguisements est très prisé des familles. (p. 120)

Envie de... Théâtre

La Nouvelle-Orléans jouit d'une longue tradition théâtrale. Elle dispose de quelques grandes salles accueillant des spectacles d'envergure et nombre de compagnies locales se produisent régulièrement. La ville aime se déguiser et mettre en scène le monde des rêves et de l'imaginaire.

New Movement Theater (☎504-302-8264 ; www.newmovementtheater.com ; 2706 St Claude Ave). Ces comédiens chevronnés proposent également des cours pour former de jeunes talents à l'art de l'impro.

Old Marquer Theatre (☎504-298-8676 ; www.oldmarquer.com ; 2400 St Claude Ave). Pièces écrites et jouées par des Néo-Orléanais, spectacles en tournée, slam. Programmation souvent audacieuse et atmosphère très conviviale.

Le Petit Théâtre du Vieux Carré (☎504-522-2081 ; www.lepetittheatre.com ; 616 St Peter St). Fondée en 1916, le Petit Théâtre est l'une des plus anciennes troupes de théâtre du pays. Il propose des pièces de qualité, souvent écrites par des dramaturges originaires de Louisiane, ainsi que des spectacles pour enfants. Les pièces sont parfois suivies d'une soirée cabaret impromptue, mêlant artistes et spectateurs.

Lupin Theatre (☎504-865-5106 ; Newcombe Circle, Dixon Annex). Théâtre de la Tulane University.

La Nouvelle-Orléans
Hier et aujourd'hui

Premiers habitants et conquistadors

Les premières traces de peuplement de la Louisiane sont bien antérieures à l'arrivée des colons européens. Les Amérindiens, loin de l'image de chasseurs-cueilleurs vivant en symbiose avec la nature, ont au contraire profondément modifié leur environnement, créant sentiers, voies commerciales et campements. La première mention du Mississippi dans les textes des explorateurs date de 1519 : Alonso Álvarez de Pineda, longeant la côte de la Floride jusqu'au Mexique, en voit l'embouchure et déclare le territoire propriété espagnole. Hernando de Soto, parti à la recherche d'or et de richesses, traversa le fleuve en 1541 sans vraiment s'intéresser à cette contrée peuplée d'Amérindiens hostiles et difficile d'accès.

De la Louisiane française...

En 1672, une expédition française fut montée afin de chercher un passage entre la région des Grands Lacs, nouvelle "possession" de la Couronne, et l'Atlantique. Le père Jacques Marquette et l'explorateur Louis Jolliet descendent le Mississippi et lient des contacts avec des tribus amérindiennes mais doivent faire demi-tour avant l'embouchure du fleuve. Le delta sera finalement parcouru quelques années plus tard : en 1682, René-Robert Cavelier de La Salle descendit le Mississippi, prit possession des terres et les nomma "Louisiane" en l'honneur de Louis XIV. Les premiers colons, menés par Pierre Le Moyne d'Iberville et son frère, Jean-Baptiste Le Moyne de Bienville, arrivèrent en 1699 et installèrent un fortin de bois - le fort Maurepas - sur le site de l'actuelle ville d'Ocean Springs. Si la colonie s'étendit petit à petit, ce n'est qu'à la fondation de La Nouvelle-Orléans, en 1718, stratégiquement placée à l'embouchure du fleuve et de fait comptoir commercial, qu'une réelle activité économique se développa. Les Cajuns, chassés de Nouvelle-Écosse (située dans l'actuel Canada) par le pouvoir britannique en place, viendront grossir les rangs des colons dès 1755.

... à la Louisiane américaine

L'achèvement de la guerre de Sept Ans (1756-1763) marqua temporairement la fin des possessions françaises en Louisiane. Le traité de Paris, qui reconnaît la victoire britannique, accorda notamment à l'Angleterre les possessions françaises de l'actuel Canada et celles à l'est du Mississippi. L'Espagne, alliée de la France, reçut les territoires à l'ouest du Mississippi, ainsi que La Nouvelle-Orléans. Après des débuts marqués par des révoltes et des combats, une cohabitation pacifique s'instaura dans les territoires contrôlés par les Espagnols avec les populations francophones.

Comprendre

Esclavage, plaçage et gens de couleur libres

Dès sa fondation ou presque, La Nouvelle-Orléans eut recours à l'esclavage pour se développer et asseoir son économie – ainsi, entre 1718 et 1728, 1 300 esclaves furent "acheminés" par les colons, pour une population totale d'environ 4 000 habitants. L'import d'esclaves fut interdit en 1807, mais l'esclavage ne fut pas aboli pour autant : La Nouvelle-Orléans devint même, dès le milieu du XIXe siècle, le principal marché aux esclaves du pays et tirait grand bénéfice de leur exploitation.

Tous les Noirs de Louisiane n'étaient pas esclaves. Appliqué dans la colonie dès 1724 et légalisant la violence à leur encontre, le Code Noir prévoyait également qu'un maître puisse affranchir un esclave. Il n'était ainsi pas rare que des Noirs soient émancipés après de longues années de servitude. Le Code interdisait l'union entre Blancs et Noirs, mais le "plaçage" était monnaie courante à La Nouvelle-Orléans. Un maître blanc pouvait ainsi entretenir une (ou plusieurs) maîtresse esclave ; l'enfant qui naissait de cette relation était généralement affranchi, tout comme sa mère.

Bien avant l'abolition de l'esclavage, La Nouvelle-Orléans comptait ainsi la plus grande population de "gens de couleur libres" du sud du pays. S'ils pouvaient acheter leur maison, gérer leur propre affaire ou – ironie glaçante – posséder eux-mêmes des esclaves, ils bénéficiaient de droits très restreints par rapport à ceux des Créoles ou des Américains et devaient sans cesse prouver que leur liberté était "légale".

Profondément francophile, la région fut finalement rétrocédée à la France en 1800... avant d'être vendue aux États-Unis en 1803.

Le changement de gouvernement fut particulièrement profitable à La Nouvelle-Orléans, qui devint le deuxième port et l'une des villes les plus prospères d'Amérique du nord dans les années 1830. Devenue trop petite pour sa population, la ville s'étendit bien au-delà du Vieux Carré et des faubourgs de Tremé et de Marigny, et vit la création d'un quartier spécifiquement américain (les actuels CBD et Garden District), séparé des quartiers anciens par Canal St. Les familles créoles qui profitèrent de l'économie florissante de la ville édifièrent leurs opulentes villas le long d'Esplanade Avenue, tandis que les quartiers plus pauvres s'installèrent sur les marais environnants. Le nouveau gouvernement fit siennes d'anciennes traditions créoles, comme le Mardi Gras, qui fut remis au goût du jour dans les années 1850.

Sécession, abolition de l'esclavage et mouvement pour les droits civils

Bien que cosmopolite et réputée plus "ouverte" que d'autres cités du Sud, La Nouvelle-Orléans restait une ville esclavagiste dans un État qui l'était tout autant : la sécession de la Louisiane, le 26 janvier 1861, et l'adhésion à la Confédération deux mois plus tard sonnèrent comme une évidence. La ville tomba aux mains des Unionistes dès 1862. Si l'esclavage y fut aboli et des lois fédérales protégeant les droits des esclaves libérés passées, les discriminations ne cessèrent pas pour autant. Le ressentiment du Sud et des siècles de préjugés raciaux provoquèrent des réactions brutales – et parfois sanglantes. Au cours des années 1890, des lois légitimèrent la ségrégation selon le principe "séparés mais égaux" (voir encadré p. 51) et il faudra attendre les années 1950 et les mouvements pour les droits civiques pour que les mentalités évoluent de façon significative. Le démocrate Ernest Morial, premier maire noir de la ville, fut élu en 1977.

Tourisme et reconstruction

Au tournant du XXe siècle, le Vieux Carré n'était plus qu'un quartier vieillissant dont les belles demeures qui font aujourd'hui sa renommée tombaient peu à peu en ruine. Conscients de la valeur architecturale de la ville, des habitants se réunirent en association en 1936 afin de sauvegarder les édifices historiques. L'embourgeoisement du quartier acheva sa mutation et son patrimoine architectural ouvrit la ville à un tourisme croissant. Pour faire face à l'afflux de visiteurs, des hôtels furent aménagés dans des demeures du Vieux Carré et le tourisme devint rapidement l'une des pierres angulaires de l'économie de La Nouvelle-Orléans.

Si l'ouragan Katrina, en 2005, a montré les limites d'une ville construite pour bonne part sous le niveau de la mer grâce au drainage des marais, il a également révélé l'incroyable capacité de résilience de La Nouvelle-Orléans. Malgré des inondations majeures et des ravages sans précédent, la population est revenue et s'est mise à rebâtir. Dix ans après la catastrophe, la ville semble avoir pansé ses plaies, mais les inégalités demeurent : si les quartiers touristiques et les plus huppés ont tourné la page, les stigmates sont toujours visibles dans les secteurs les plus pauvres. Près de 100 000 personnes, en majorité afro-américaines, ne sont pas revenues, faute d'habitation à occuper ou de budget suffisant pour la reconstruire. Et si l'économie est bien repartie à la hausse, près de 29% de la population vit sous le seuil de pauvreté, avec des écarts de revenus parmi les plus forts du pays : un nouveau défi pour La Nouvelle-Orléans.

Carnet pratique

Carnet pratique

Avant de partir

Quand partir

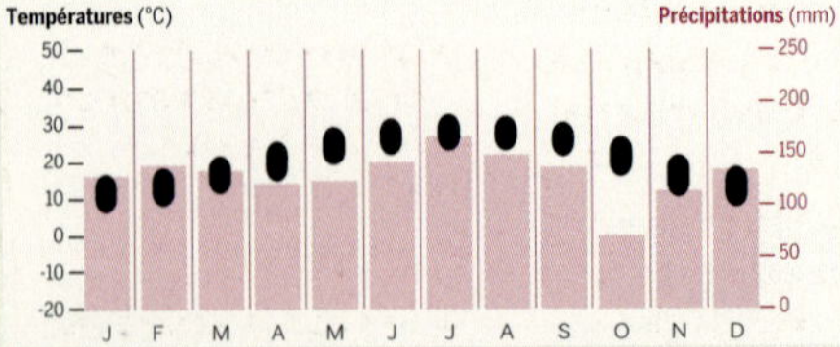

➡ **Janvier-mars** Températures agréables. La saison du carnaval, en février ou en mars, connaît des records d'affluence ; des parades ont lieu dès janvier.

➡ **Avril-mai** Temps idéal et des fêtes ou des festivals quasiment chaque week-end. Tarifs élevés.

➡ **Juin-août** Chaleur étouffante et moite ; risque d'ouragans. L'affluence est moindre.

➡ **Septembre-décembre** La ville vit à un rythme plus calme et les températures baissent.

Hébergement

Certaines des belles bâtisses du Vieux Carré ont été transformées en luxueux hôtels. On en trouve également dans le CBD, ainsi que des établissements de grands groupes, un peu moins onéreux. Pensions et B&B existent dans tous les quartiers, et de nombreux particuliers louent chambres ou logements complets. Réservez, surtout si votre séjour a lieu au moment d'une fête importante.

Sites web

Hostelworld (www.french.hostelworld.com). Auberges de jeunesse, certaines avec chambres privatives.

New Orleans CVB (www.neworleanscvb.com/hotels). Liste complète des hébergements de la ville.

New Orleans Online (www.neworleansonline.com/book). Centrale de réservation de l'office du tourisme.

Bed & Breakfast Inns of New Orleans (www.bbnola.com). B&B et pensions.

Lonely Planet (www.lonelyplanet.fr). Réservation d'hôtels en ligne.

AirBnB (www.airbnb.fr). Location entre particuliers.

Petits budgets

Bywater Bed & Breakfast (www.bywaterbnb.com). Chambres colorées et chaleureuses.

India House Hostel (www.indiahousehostel.com). Auberge de jeunesse bien tenue à la clientèle internationale.

Lookout Inn of New Orleans (www.lookoutneworleans.com). Quatre suites décalées dans une maison bohème de Bywater.

Prytania Park Hotel (www.prytaniaparkhotel.com). Une valeur sûre, à petits prix.

Catégorie intermédiaire

Auld Sweet Olive Bed & Breakfast (www.sweetolive.com). Belle maison créole ; chambres décorées à la main.

La Belle Esplanade (www.labelleesplanade.com). Une belle demeure historique à la façade colorée.

Lafitte Guest House (www.lafitteguesthouse.com). Demeure historique transformée en hôtel, très central.

Pierre Coulon Guest House (www.pierrecoulonguesthouse.com). Jolie maison chaleureuse.

Catégorie supérieure

Audubon Cottages (www.auduboncottages.com). Belles suites dans le Vieux Carré.

Degas House (www.degashouse.com). Degas séjourna quelques mois dans cette demeure de Tremé.

Soniat House (www.soniathouse.com). L'un des plus beaux boutiques-hôtels du Vieux Carré.

Park View Guest House (www.parkviewguesthouse.com). Pour un séjour de rêve dans une demeure luxueuse d'Uptown.

Arriver à La Nouvelle-Orléans

☑ **À savoir** Pour connaître le meilleur moyen de rejoindre le quartier de votre hébergement, voir p. 17.

Louis Armstrong New Orleans International Airport

- 21 km à l'ouest de La Nouvelle-Orléans.
- Taxi pour le CBD : 33 $ (14 $ par personne à partir de trois).
- **Navette** (☎866-596-2699 ; www.airportshuttleneworleans.com) à destination du CBD : à 20/38 $ l'aller simple/l'aller-retour.
- Le bus E-2 (2 $) vous déposera dans Carrollton ou Tulane Ave, dans Mid-City.

Depuis la France

- Lors de nos recherches, un vol A/R Paris-La Nouvelle-Orléans coûtait à partir de 600 €, avec une escale. Comptez à partir de 10h30 de vol.
- Quelques compagnies : **United** (www.united.com), **Delta** (fr.delta.com), **American Airlines** (www.americanairlines.fr), **Air France** (www.airfrance.fr).

Depuis la Belgique

- Les tarifs, compagnies et conditions de vol depuis/vers Bruxelles sont sensiblement les mêmes que ceux des vols opérés depuis/vers Paris.

Depuis la Suisse

➡ Lors de nos recherches, un vol A/R Genève-La Nouvelle-Orléans coûtait à partir de 750 FS.

➡ Quelques compagnies : **United** (www.united.com), **Swiss** (www.swiss.com).

Depuis le Canada

➡ **Air Canada** (www.aircanada.com) assure des vols directs pour La Nouvelle-Orléans depuis Toronto (à partir de 730 $CA A/R, 2 heures 40 de vol).

➡ Quelques compagnies : **United** (www.united.com), **Delta** (fr.delta.com), **American Airlines** (www.americanairlines.fr).

Gares Greyhound et Amtrak

➡ Situées dans le **New Orleans Union Passenger Terminal** (✆504-299-1880 ; 1001 Loyola Ave).

➡ Vous pouvez rejoindre le CBD ou le Vieux Carré à pied – à éviter toutefois la nuit ou si vous êtes lourdement chargé.

➡ Comptez 10 $ pour gagner le Vieux Carré en taxi, plus de 20 $ pour un quartier plus éloigné.

➡ La ligne de tramway Loyola-UPT relie le Terminal à Canal St.

Comment circuler

Taxi

☑ **Idéal pour...** Se déplacer seul la nuit ou rentrer d'une fête.

➡ **United Cabs** (✆504-522-9771 ; www.unitedcabs.com ; ⏲24 h/24). Fiable.

➡ On peut facilement héler un taxi dans le Vieux Carré ; ailleurs, il vous faudra certainement appeler.

➡ En ville, la prise en charge est de 3,50 $ pour un passager (1 $ par personne supp.), puis le prix est de 2 $/mile (1,6 km). La ville n'est pas très étendue : les courses devraient rester inférieures à 20 $.

Tramway

☑ **Idéal pour...** Parcourir Uptown, le Garden District et certaines rues de Mid-City.

➡ Géré par la **Regional Transit Authority** (RTA ; www.norta.com), le réseau comprend 4 lignes.

➡ Le ticket coûte 1,25 $ (prévoyez l'appoint). Les Jazzy Pass permettent des trajets illimités pendant 1/3/31 jours (3/9/55 $) et aussi sont valables dans le bus.

➡ Les Jazzy Pass sont délivrés par les chauffeurs de tramway et de bus (pass 1 jour uniquement), dans les drugstores Walgreens et par les distributeurs situés sous les abris RTA, sur Canal St.

➡ Les tramways passent toutes les 15 à 20 minutes, toutes les 30 minutes la nuit. Ils circulent 24 h/24.

Vélo

☑ **Idéal pour...** Explorer les quartiers en s'imprégnant de l'atmosphère de la ville.

➡ La Nouvelle-Orléans est plate et relativement compacte. Les sites que nous présentons recouvrent environ 12 km.

➡ La circulation, les routes déformées ou étroites et l'insécurité de certains quartiers sont les principaux inconvénients des déplacements à vélo.

➡ Les pneus larges sont indispensables.

➡ L'été, la chaleur humide est étouffante.

➡ Les ferrys transportent gratuitement les vélos et les bus sont désormais équipés de porte-vélos. Les tramways n'acceptent que les vélos pliants.

➡ Nos loueurs préférés : **A Bicycle Named Desire** (plan p. 48, B1 ; ☎504-345-8966 ; www.abicyclenameddesire.com ; 632 Elysian Fields Ave ; location 4/8/24 heures 20/25/35 $, 25 $/jour supp. ; ⏲10h-17h mer-lun) et **Bicycle Michael's** (plan p. 48, A1 ; ☎504-945-9505 ; www.bicyclemichaels.com ; 622 Frenchmen St ; à partir de 35 $/jour ; ⏲10h-19h lun-mar et jeu-sam, jusqu'à 17h dim).

Voiture

☑ **Idéal pour**... Passer d'un quartier à l'autre.

➡ Une voiture facilite les déplacements entre les quartiers éloignés. Indispensable pour visiter la Barataria Preserve.

➡ Inutile de louer une voiture si vous prévoyez de visiter principalement le Vieux Carré et les quartiers adjacents : vous dépenseriez une fortune pour la garer.

➡ Attention à l'état déplorable de certaines rues – même dans les quartiers chic.

➡ Faites très attention au tramway lorsque vous tournez à gauche à un carrefour.

➡ Dans le centre, les places de stationnement sont généralement réservées aux arrêts de courte durée – et il y a de nombreux agents chargés de faire respecter ce principe.

Infos pratiques

Argent

Cartes de crédit

Les cartes Visa, MasterCard et American Express sont les plus courantes. Les cartes Discover et Diners Club sont généralement acceptées aussi.

Les cartes de crédit sont acceptées dans la plupart des hôtels, des restaurants, des stations-service, des magasins et des grandes épiceries.

Les petits restaurants et les bars n'acceptent que les espèces.

Change

Il est facile de changer sur place les principales monnaies et les chèques de voyage des compagnies les plus connues.

À l'aéroport, vous pouvez changer de l'argent au **TravelEx America Business Center** dans le West Terminal. La commission est fonction du montant

Pourboires

Les pourboires constituent la règle. Pour vous y retrouver :

➡ **Barman** 1-2 $ par boisson

➡ **Chauffeurs de taxi** 10-15% de la course

➡ **Femmes de chambre** 3-5 $ par nuit

➡ **Grooms** 2 $/bagage, 5 $ pour un chariot

➡ **Porteurs à l'aéroport** 2 $ par bagage

➡ **Serveurs dans les restaurants** 15-20% de la note

➡ **Service d'étage** 15% de la note

➡ **Voituriers** 2-5 $

changé. Le guichet **Western Union** ferme à 16h30 du lundi au vendredi et à 14h30 le samedi et le dimanche.

La **Whitney National Bank**, également dans le West Terminal, pratique aussi le change, mais facture une commission de 15 $ si vous ne détenez pas de compte dans la banque.

Ce sont généralement les banques du CBD qui proposent les taux de change les plus intéressants. L'agence principale de la Whitney National Bank achète et vend des devises.

Lors de nos recherches, 1 $ s'échangeait contre 0,89 €, 0,97 FS ou 1,33 $CA.

DAB

Très nombreux, les DAB acceptent les cartes Visa, MasterCard et celles affiliées aux réseaux Plus ou Cirrus.

Dangers et désagréments

En ville

Le taux de criminalité est élevé à La Nouvelle-Orléans et l'ambiance très variable d'un quartier à l'autre.

Soyez prudent si vous vous aventurez trop au nord du Faubourg Marigny et du quartier Bywater (St Claude Ave constitue une bonne limite à ne pas dépasser), trop au sud de Magazine St dans Garden District ou trop au nord de Rampart St dans Tremé. Restez dans des endroits fréquentés, en particulier la nuit, et évitez de marcher seul dans des rues désertes. Hors du Vieux Carré, déplacez-vous en taxi plutôt qu'à pied sitôt la nuit tombée. Le CBD et le Warehouse District sont très animés en semaine, mais plutôt déserts le soir et le week-end. Soyez vigilant le soir si vous logez dans un B&B d'Esplanade Ridge, assez proche de quartiers peu sûrs.

Cela dit, en observant des règles élémentaires de prudence, vous ne devriez rencontrer aucun problème et l'immense majorité des crimes se produisent entre des personnes se connaissant déjà.

Attention lorsque vous traversez une rue : les piétons ne sont pas prioritaires. Par ailleurs, les Néo-Orléanais ont parfois la fâcheuse habitude de passer au jaune ou au rouge.

Dans le bayou

Attention si vous vous aventurez dans le bayou ; les moustiques, s'ils ne sont pas vecteurs de paludisme, peuvent être en certaines saisons une véritable nuisance. Portez

Bons plans pour dépenser moins

- De nombreux bars servent gratuitement des assiettes de riz et de haricots rouges le lundi soir.
- Audubon Park (p. 92), City Park (p. 106) et le Besthoff Sculpture Garden (p. 110) sont gratuits.
- Les restaurants de catégorie supérieure proposent généralement un menu moins onéreux au déjeuner.
- N'hésitez pas à assister aux défilés Second Line (p. 122) ou à des spectacles de rue du même type : ce sont de véritables concerts totalement gratuits !

des vêtements longs imprégnés d'insecticide pour tissus et appliquez une crème ou un spray répulsif sur la peau découverte.

Les alligators que l'on croise dans le bayou sont assez placides dans la journée. Ils n'en restent pas moins des animaux sauvages : gardez vos distances, laissez-les tranquilles et ne vous mettez pas entre une mère et ses œufs.

Électricité

Aux États-Unis, la tension du courant est de 110/120 V. Prévoyez des transformateurs (vous en trouverez sur place).

120 V / 60 Hz

120 V / 60 Hz

Formalités et visas

➡ Pour une visite de courte durée, les Canadiens peuvent généralement se passer de visa, mais doivent présenter leur passeport.

➡ Les visiteurs étrangers doivent être détenteurs d'un passeport à lecture optique, valide au moins 6 mois après la date de départ. Les ressortissants de France, de Belgique, de Suisse – ainsi que de plusieurs autres pays bénéficiant du programme d'exemption de visa (VWP) – n'ont pas besoin de visa s'ils souhaitent rester aux États-Unis moins de 90 jours. Ils doivent néanmoins remplir l'**ESTA** (https://esta.cbp.dhs.gov ; 14 $), un formulaire d'autorisation de voyage en ligne, au moins 72 heures avant leur arrivée. Cette autorisation reste valable 2 ans. Les voyageurs doivent également être munis d'un billet de retour.

Handicapés

La Nouvelle-Orléans n'est pas particulièrement bien adaptée aux personnes handicapées. Les trottoirs comprennent rarement une rampe et nombre de bâtiments historiques et d'hôtels ne sont pas accessibles en fauteuil roulant. Les hôtels modernes disposent de rampes, d'ascenseurs et de salles de bains adaptées.

Les tramways rouges des lignes Canal St, Riverfront et Loyola-UPT sont accessibles aux fauteuils roulants. En revanche, les tramways verts de St Charles Ave, inscrits au National Register of Historic Places, ne peuvent être aménagés pour les handicapés (voir www.norta.com/accessibility.aspx). Les bus de la Regional Transit Authority sont équipés d'un ascenseur.

Pour des informations sur les services de transport proposés aux personnes ne pouvant utiliser les bus classiques, contactez **RTA Paratransit** (☎ informations 504-827-8345, horaires 504-827-7433 ; www.norta.com).

Heures d'ouverture

Mêmes horaires que dans le reste des États-Unis, sauf dans les bars.

Banques 9h-17h du lundi au jeudi, 10h-17h30 le vendredi. Certaines agences ouvrent de 9h à 12h le samedi.

Bars Généralement de 17h au départ du dernier client (fermeture officielle à 2h en semaine et à 3h ou 4h le week-end).

Poste 8h30-16h30 du lundi au vendredi, 8h30-12h le samedi.

Restaurants De 10h ou 11h à 23h (avec parfois une pause de 14h à 17h), fermés en général dimanche et/ou lundi.

Commerces 10h à 19h ou 20h.

Jours fériés

Quand le jour férié tombe un week-end, le vendredi ou le lundi le plus proche sont généralement chômés. **Mardi Gras**, dont la date varie, est férié à La Nouvelle-Orléans (le 9 février en 2016, le 28 février 2017, le 13 février 2018). Consultez le site www.mardigrasneworleans.com.

Jours fériés nationaux :

Jour de l'an (New Year's Day) 1er janvier

Anniversaire de Martin Luther King (Martin Luther King Jr Day) 3e lundi de janvier

Jour du Président (Presidents' Day) 3e lundi de février

Memorial Day Dernier lundi de mai

Fête nationale (Independence Day) 4 juillet

Fête du Travail (Labor Day) 1er lundi de septembre

Jour de Christophe Colomb (Columbus Day) 2e lundi d'octobre

Jour des vétérans (Veterans Day) 11 novembre

Thanksgiving 4e jeudi de novembre

Noël 25 décembre

Téléphone

L'indicatif de La Nouvelle-Orléans est le ☎504. C'est le ☎985 à Thibodaux et Houma, le ☎225 à Baton Rouge et alentours, et le ☎318 à Shreveport et dans le nord de l'État.

Pour les appels nationaux longue distance, composez le ☎1 avant l'indicatif. Par exemple, pour appeler un numéro à Baton Rouge depuis La Nouvelle-Orléans, faites le ☎1-225, puis le numéro de votre correspondant. Notez que les hôtels surtaxent souvent fortement les appels téléphoniques.

Pour appeler les États-Unis depuis l'étranger, composez le ☎00, suivi du ☎1 (uniquement le ☎1 depuis le Canada), puis le numéro.

Pour appeler l'étranger depuis les États-Unis, composer le ☎011, puis le code du pays (33 pour la France, 32 pour la Belgique et 41 pour la Suisse), puis le numéro de votre correspondant sans le 0 initial.

Urgences

Police, pompiers, ambulance (☎911)

Centre d'aide aux victimes de viol (National Sexual Assault Hotline ; ☎800-656-4673 ; rainn.org)

Langue

En raison de leur histoire et de la diversité de leur population, les Américains pratiquent, pour la plupart d'entre eux, plusieurs langues. L'anglais, parlé dans tout le pays, n'a pas été désigné comme langue officielle des États-Unis. Du fait de l'importance de la population hispanique, l'espagnol est la deuxième langue la plus parlée dans le pays.

Expressions courantes

Bonjour/salut.
Hello/Hi. hè·lo/haï

Au revoir.
Goodbye. goud *baï*

Excuse(z)-moi.
Excuse me. ek·*skyouz* mi

Désolé(e).
Sorry. so·ri

S'il vous (te) plaît.
Please. pliiz

Merci.
Thank you. *Sank* you

Oui./Non.
Yes./No. yès/neo

Parlez-vous français ?
Do you speak french? dou you spik frènn·ch

Je ne comprends pas.
I don't understand. aï *dont* eunn·deur·*stand*

Comment allez-vous/vas-tu ?
How are you? *hao* âr you

Bien. Et vous/toi ?
Fine. And you? faïnn annd *you*

Au restaurant

Je suis végétarien(ne).
I'm vegetarian. aïm vèdjè·*teu*·rieunn

Santé ! *Cheers!* *tchiirz*

C'était délicieux !
That was delicious! zat woz dè·*li*·cheus

L'addition s'il vous plaît.
The bill, please. zeu bil pliiz

Je voudrais ..., s'il vous plaît.
I'd like ..., please. aïd *laïk* ...pliiz

une table pour (deux)	*a table for (two)*	eu *téï*·beul for (tou)
ce plat	*that dish*	*zat dich*
la carte des vins	*the wine list*	zeu *waïnn* liste

Shopping

Je cherche...
I'm looking for ... aïm *lou*·kiinng for ...

Combien est-ce que ça coûte ?
How much is it? *hao* meutch iz it

C'est trop cher.
That's too expensive. zats *tou* èx·*pènn*·siv

Pouvez-vous baisser le prix ?
Can you lower the price? kann you lao·wèr zeu *praïs*

Urgences

Au secours ! *Help!* hèlp

Appelez un médecin !
Call a doctor! kôl eu *dok*·teur

Appelez la police !
Call the police! kôl zeu po·*liis*

Je suis perdu(e).
I'm lost. aïm lost

Je suis malade.
I'm sick. aïm sik

Où sont les toilettes ?
Where's the bathroom? wèrz zeu *bass*·roum

Heure et chiffres

Quelle heure est-il ?
What time is it? wat *taïm* iz it

Il est (1/13) heure(s).
It's (one am/pm) o'clock. its (wann èï·èm/pi·èm) ok·*lok*

matin	*morning*	*mor*·ninng
après-midi	*afternoon*	af·teur·*noun*
soir	*evening*	*iv*·ninng
hier	*yesterday*	*yès*·teu·dèï
aujourd'hui	*today*	tou·*dèï*
demain	*tomorrow*	tou·*mo*·ro

1	*one*	wann
2	*two*	tou
3	*three*	srii
4	*four*	fôr
5	*five*	faïv
6	*six*	six
7	*seven*	*sè*·veunn
8	*eight*	eït
9	*nine*	naïnn
10	*ten*	tèn

Transports et orientation

Où est ...? *Where's ...?* wèrz ...

Quelle est l'adresse ?
What's the adress? wats zi a·*drès*

Pouvez-vous me montrer (sur la carte) ?
Can you show me (on the map)? kann you *chô* mi (onn zeu *map*)

Un billet pour ..., s'il vous plaît.
One ticket for ... please. wann *ti*·kèt for ... pliiz

À quelle heure part le bus/le train ?
What time does the bus/train leave? wat *taïm* daz zeu beus/tréïn liiv

Je voudrais un taxi.
I'd like a taxi. aïd laïk eu *tak*·si

Ce taxi est-il libre ?
Is this taxi free? iz zis *tak*·si frii

Arrêtez-vous ici, s'il vous plaît.
Please stop here. pliiz stop hiir

Hébergement

Où puis-je trouver un hôtel ?
Where's a hotel? wèrz eu ho·tèl

Je voudrais réserver une chambre.
I'd like to book a room. aïd laïk tou bouk eu *roum*

J'ai une réservation.
I have a reservation. aï hav eu rè·zèr·*véï*·cheunn

Pour aller plus loin

Indispensable pour mieux communiquer sur place : le **Guide de conversation anglais de Lonely Planet** (7,99 €). Pour réserver une chambre, lire un menu ou simplement faire connaissance, ce manuel permet d'acquérir des rudiments d'anglais. Inclus : un minidictionnaire bilingue.

En coulisses

Vos réactions ?

Vos commentaires nous sont très précieux pour améliorer nos guides. Notre équipe lit vos lettres avec la plus grande attention et prend en compte vos remarques pour les prochaines mises à jour. Pour nous faire part de vos réactions, prendre connaissance de notre catalogue et vous abonner à notre newsletter, consultez notre site Internet : **www.lonelyplanet.fr**

Nous reprenons parfois des extraits de notre courrier pour les publier dans nos guides ou sites web. Si vous ne souhaitez pas que vos commentaires soient repris ou que votre nom apparaisse, merci de nous le préciser. Notre politique en matière de confidentialité est disponible sur notre site Internet.

Un mot de l'auteur

Je remercie les Bobellershaws (Mike et Nora), dont la générosité d'esprit est un modèle pour la ville, Andrew Holbein le Jazzman et Zach le Jeune, qui m'ont incité à venir ici, Dan Favre et Trish Kelly, ainsi que de nombreux Néo-Orléanais, trop nombreux pour être tous cités – AJ, Halle, Matt, Maria, Adrian, Darcy, Molly, Travis, Kate, Paige, Morgan, David, Jonah, Melissa, Rob, Katie, Carin... Merci à Amy Balfour, qui s'est débrouillée comme une championne, à Dora Whitaker, de m'avoir confié ce livre, à mes parents, de m'avoir laissé vivre ici, à Gizmo, de s'asseoir sur mes genoux pendant que j'écris. Et surtout, un grand merci à Rachel, pour son amour et son soutien et à Sanda, qui porte un regard tout neuf sur la ville.

Crédits photographiques

Photographie de couverture : Musiciens, Jackson Square © Robert Mullan/ incamerastock/Corbis
Photographie p. 4-5 : Royal St, dans le Vieux Carré © Kylie McLaughlin/Getty Images

À propos de cet ouvrage

Cette 1re édition française de *La Nouvelle-Orléans En quelques jours* est une traduction-adaptation de la 2e édition de *Pocket New Orleans*, commandée par le bureau de Londres et mise à jour par Adam Karlin et Amy C Balfour.

Traduction Géraldine Masson, Pierre-Yves Raoult

Direction éditoriale Didier Férat

Coordination éditoriale Nicolas Benzoni

Responsable prépresse Jean-Noel Doan

Maquette Sébastienne Ocampo

Cartes adaptées en français par Nicolas Chauveau

Couverture adaptées en français par Annabelle Henry

Merci à Marjorie Bensaada pour sa relecture attentive et Dominique Spaety pour son aide.

Index

Voir aussi les index des rubriques :

Se restaurer p. 166
Prendre un verre p. 167
Sortir p. 167
Shopping p. 167

Référence des **sites**
Référence des **cartes**

Référence des **sites**
Référence des **cartes**

Se restaurer

Prendre un verre

Sortir

Shopping

L'auteur

Adam Karlin

Adam vit à La Nouvelle-Orléans avec sa femme, sa fille, son chien et son lézard. Il a écrit plus de 45 titres pour Lonely Planet : les îles Andaman, le Zimbabwe... mais la plupart concernent le continent américain.

Co-auteur

Amy C Balfour a participé à la rédaction des chapitres Central Business District (CBD) et Warehouse District, Garden District et Lower Garden District, Uptown et Audubon, Mid-City et bayou Saint John, Tremé.

La Nouvelle-Orléans en quelques jours
1re édition
Traduit et adapté de l'ouvrage *Pocket New Orleans, 2nd edition, November 2015*

Dépôt légal Janvier 2016
ISBN 978-2-81615-396-5
Imprimé par L.E.G.O. Spa (Legatoria Editoriale Giovanni Olivotto), Italie

En Voyage Éditions | un département place des éditeurs